C.H.BECK WISSEN

«We all want to change the world», sangen die Beatles 1968. Mit der Gitarre in der Hand die Welt verändern: Dieser Traum ist mit der Rock- und Popmusik untrennbar verbunden. Peter Wicke erzählt ihre Geschichte von den Anfängen bis zur Gegenwart. Dabei kommen Stilrichtungen, Soundformen und Aufnahmetechniken ebenso zur Sprache wie die Veränderungen des Musikmarktes und die Revolutionen der Jugendkultur, von denen die Entwicklung der populären Musik seit Elvis Presley begleitet wurde.

*Peter Wicke*, geb. 1951, ist Professor emeritus für Theorie und Geschichte der populären Musik, bis 2016 war er Inhaber eines Lehrstuhls an der Humboldt-Universität zu Berlin.

Peter Wicke

# ROCK UND POP

Von Elvis Presley bis Lady Gaga

Verlag C.H.Beck

*Sokrates: Denn eine neue Art von Musik*
*einzuführen muss man sich hüten, da hierbei*
*das Ganze auf dem Spiele steht. Werden doch nirgends*
*die Tonweisen verändert ohne Mitleidenschaft*
*der wichtigsten staatlichen Gesetze.*
(Platon, Der Staat)

*I'd love to change the world*
*But I don't know what to do*
*So I leave it up to you.*
(Ten Years After, I'd love to change the world)

Die erste Auflage dieses Buches erschien 2011.

2., überarbeitete und aktualisierte Auflage. 2017

Originalausgabe

Wilhelmstraße 9, 80801 München, info@beck.de

www.chbeck.de
Umschlagentwurf: Uwe Göbel, München
Umschlagillustrationen: Uwe Göbel/Thorsten Höning
Satz: C.H.Beck.Media.Solutions, Nördlingen
Druck und Bindung: Druckerei C.H.Beck, Nördlingen
Printed in Germany
ISBN 978 3 406 71529 7

www.chbeck.de/nachhaltig
produktsicherheit.beck.de

# INHALT

# Prolog: «We all want to change the world»

«We all want to change the world ...» – hieß es 1968 in dem Beatles-Song *Revolution.* Damit war ausgesprochen, was seit der bahnbrechenden Entwicklung des amerikanischen Rock'n'Roll ihren jugendlichen Fans als die Quintessenz der Popmusik gilt. «Rock'n'Roll war der Beginn der Revolution» – schrieb Jerry Rubin, einer der politischen Aktivisten der endsechziger Jahre, in seinem einflussreichen Manifest *Do It! Scenarios of the Revolution.* Mit dem Rock'n'Roll geriet die populäre Musik ausgehend von den USA in einen grundlegend veränderten Kontext. Die Kommerzialisierung des Jugendalters und «Jugend» als sich infolge des demografischen Wandels durchsetzendes neues gesellschaftliches Leitbild, die Formierung einer kommerziell organisierten, medienvermittelten Massenkultur, das Aufkommen von Single-Schallplatte und Magnettonband haben den Umgang mit Musik gravierend verändert. Zum Ausdruck kam das in einem ästhetischen und musikalischen Paradigmenwechsel mit weitreichenden Folgen. Seither ist jeder musikalische Wandel von den jugendlichen Fans dieser Musik ebenso wie vom professionellen Pop-Journalismus als «Revolution» gefeiert und damit immer auch auf seine mögliche gesellschaftspolitische Relevanz befragt worden. *The Rock Revolution* ist der Titel eines der ersten Bücher, die sich mit der Musikentwicklung der 1950er und 1960er Jahre auseinandersetzten. Da die erhoffte gesellschaftsverändernde Kraft der Musik recht schnell an Grenzen stieß, kam es immer wieder zu einer Neuauflage derartiger Revolutionsmythen. Dennoch verkörpert die Popmusik nicht bloß eine folgenlose Rebellion auf der profitablen Spielwiese des Marktes. Die kulturelle Prägung von Subjektivität und Individualität durch Musik, die hier zirkulierenden Wertmuster und Sinnkonstrukte haben in allen Industriegesellschaften des Westens ihre Spuren hinterlassen. Und zumindest in den 1960er Jahren schien es eine Zeit lang ja tatsächlich so, also könne man mit der Gitarre in der Hand die Welt verändern – ein bisschen zumindest.

Und so ist die Musikentwicklung seit Elvis Presleys fulminantem Aufstieg in den Pop-Olymp nicht wirklich zu verstehen, wird sie nicht in Zusammenhang gesehen mit dem Anspruch Heranwachsender auf eine eigene, nämlich «ihre» Welt, die immer auch als Gegenentwurf zu dem verstanden ist, was sich als Status quo präsentiert. Auch wenn sich das häufig nur darin erschöpfte, den Dingen, die man nicht ändern kann – und was können Heranwachsende schon wirklich ändern? – ein anderes «Feeling» zu geben, so ist nicht daran vorbeizukommen, dass die populäre Musik in den 1950er Jahren ihre gesellschaftspolitische Unschuld für immer verlor, sofern sie die denn je besaß. «Rock, rock, rock, rock around the clock» oder «She loves you yeah, yeah, yeah» sind zwar auch nicht unbedingt sinnträchtiger als das «Yes Sir, we have no bananas» oder «Mein Papagei frisst keine harten Eier» aus früheren Zeiten. Doch abgesehen davon, dass es bei solchen Allerweltssentenzen nicht geblieben ist: Es war die Klanggestalt der Musik, die sich als weit wichtiger denn jede Textzeile erwies. Unter dem Einfluss von afroamerikanischem Rhythm & Blues und der tief im Alltag der einfachen Leute verwurzelten lokalen Musikformen in den USA, die auf dem Musikmarkt als Country Music zusammengefasst sind, erhielt die kommerziell produzierte Musik eine emotionale und sinnliche Direktheit, die sich fundamental von der routinierten musikalischen Dienstleistung unterschied, die bis dahin als Entertainment die Tanzsäle und Radio-Programme beherrschte. Natürlich vollzog sich der Übergang nicht über Nacht. Schon im Big-Band-Swing haben die Bands zu vorgerückter Stunde die musikalisch wohlgeordneten Bahnen des Arrangements verlassen, um «hot» zu spielen. Aber dieses Erlebnis blieb einem relativ begüterten erwachsenen Publikum vorbehalten, das sich die nicht eben billigen Etablissements leisten konnte, in denen die renommierten Big Bands zum Tanz aufspielten. Mehr als ein Stück wohldosierte Abwechselung in den fest gefügten Alltagsstrukturen der Mittelschichten wollte und sollte das jedoch nicht sein.

Und dann kamen in der ersten Hälfte der 1940er Jahre Frank Sinatra und die Bobby Soxers – weibliche Sinatra-Fans im Teenage-Alter mit Pudelrock und heruntergerollten Ringelsöckchen. Ihr Idol war nicht mehr nur, wie die Filmschauspieler zuvor, ein unerreichbares Objekt zum Anhimmeln. Sinatra besaß ein klingendes Erscheinungsbild, das fühlbar war, den Körper umfasste, Resonanzen in der Seele auslöste und für diese halbwüchsigen Mädchen zu einem ihr Innerstes erreichenden Medium der Selbsterfahrung wurde. Durchdrungen von Musik sich selbst in einer sehr unmittelbaren und direkten Form zu erfahren, die sowohl privat und individuell als auch gemeinschaftlich und öffentlich ist, der eigenen Subjektivität in klingender Form habhaft zu werden und dabei zugleich, wie durch ein unsichtbares Band, mit all jenen verbunden zu sein, die Gleiches erfahren, das sollte eine immer entscheidendere Rolle im Prozess des Heranwachsens spielen. Als Medium der Vermittlung von Öffentlichkeit und Privatheit, Individualität und Gesellschaftlichkeit in einer Entwicklungsphase, in der sich die sozial relevanten Züge des Selbst formen, erhielt Musik nach dem Zweiten Weltkrieg einen Stellenwert, der sie, unterstützt von Rundfunk und Schallplatte, später auch dem Fernsehen, zu einer der wirkungsmächtigsten Sozialisierungsinstanzen werden ließ. Da diese Instanz kommerziell organisiert ist, bleibt sie dem Zugriff von Elternhaus und Schule weitgehend entzogen; genau das macht bis heute ihre unwiderstehliche Anziehungskraft aus. Und so gleichen sich die Bilder der ihrem Idol zujubelnden Fans, ob das Frank Sinatra oder Elvis Presley, Michael Jackson, Robbie Williams oder Lady Gaga ist. Es ist naheliegend, dass Heranwachsende die Welt, die sie sich klingend erlebbar machen, mit der Welt konfrontieren, die ihnen als Wirklichkeit gegenübertritt, und je mehr sie sich selbst dabei in der Gemeinschaft mit Gleichgesinnten – besser «Gleichgestimmten» – als soziale Kraft erfahren, desto realistischer wird der Anspruch, alternative Lebensentwürfe, Wertmuster und Sinnzusammenhänge per Musik auf eine Weise vorzuleben, voraus zu leben, die die Gesellschaft, deren Zukunft jede heranwachsende Generation verkörpert, tatsächlich nicht unverändert lässt.

Die Hoffnung auf die gesellschaftsverändernde Kraft der Musik, die die Entwicklung der populären Musikformen seit dem Zweiten Weltkrieg geprägt hat, war also gewiss nicht nur leeres Gerede, auch wenn das musikalische Maß der Dinge hier der Drei-Minuten-Song geblieben ist. Doch Popsongs sind komplexer, als der erste Blick und der flüchtige Höreindruck offenbaren. An ihnen lassen sich Wertvorstellungen, Lebensentwürfe und Erinnerungen festmachen, die unter entsprechenden Bedingungen eine unerwartete soziale Sprengkraft entfalten können. Popsongs artikulieren in der profanen Sprache von Klängen, Gesten, Bildern und Modeeinfällen affektive Muster der Wahrnehmung und Sinngebung, die an die unscheinbaren Momente des Alltags, die «Ereignisse ohne Prestige» (Henri Lefèbvre) gebunden sind. Von den Medien transportiert in die Topografie einer individuellen Lebenswirklichkeit, werden sie hier, im Alltagsleben, erweitert um Dimensionen, die weder vom gesungenen Text noch von der Musik ablesbar sind, aber darin so etwas wie einen Rahmen finden. Was am Ende dann zählt, sind nicht die musikalischen und verbalen «Botschaften», vielmehr bilden die Songs ein Koordinatensystem, das offen ist für verschiedene Möglichkeiten des Gebrauchs, der Deutung, der Lust, der Sinnlichkeit und des Vergnügens. Hinter den sprachlichen und kompositorischen Strukturen steht ein komplexer, interaktiver kultureller Prozess mit vielfältigen, oft nur flüchtigen und wieder vergänglichen Realitätsbezügen. Und eben darin, in den immer nur temporären, auf der Oberfläche so wenig fassbaren und doch so konkret erlebbaren Realitätsbezügen liegt das soziale wie politische Potenzial der populären Musikformen. Popmusik verkörpert eine Ästhetik des Widerspruchs, kontextbezogen, konnotativ und assoziativ, die so folgenlos dann doch nicht ist, wie das Feuilleton ihr gern bescheinigt.

Diese Ästhetik freilich stößt sich permanent an den Grenzen der kommerziellen Organisationsform. *The Revolution Will Not Be Televised* wusste der amerikanische Sänger und Poet Gil Scott-Heron schon 1971. Er meinte damit das Paradoxon, gesellschaftliche Veränderungen in einer kulturellen Form organisieren zu wollen, die aufgrund der unlösbaren Bindung an kommerzielle Medien das Gegenteil von dem bewirkt, was sie zu erreichen sucht. Die musikalischen Guerillakämpfer der diversen Subkulturen haben die Wertschöpfungskette lediglich fantasievoller bedient, diese abzuschaffen oder auch nur das Diktat von Chartpositionen, Einschaltquoten und Verkaufszahlen zu relativieren, vermochten sie nicht. Im Gegenteil, der Gestus der Rebellion und die Attitüde des Revolutionärs erwiesen sich lange Zeit als eines der wirkungsvollsten Marketingkonzepte der Branche. Aber gerade weil die Form der Ware ihrem Inhalt gegenüber gleichgültig bleibt, ist in dieser Form letztlich alles zu haben, selbst der Zündstoff für ihre eigene Negation. Mag es auch im Pop-Universum heute eher darum gehen, das Beste aus der Welt zu machen, statt mit dem Anspruch auf ihre Veränderung anzutreten, so gilt doch noch immer, was Mike Evans, Anfang der 1960er Jahre Angehöriger einer der unzähligen Merseybeat-Gruppen im Umfeld der Beatles, schon damals sehr weitsichtig in die Worte fasste: «Keine Macht ist fugenlos, auch die Macht der Verhältnisse nicht. Wir nisten in den Fugen der Macht, wir leben, ohne um Erlaubnis zu fragen. Für manche ist das schon eine Revolution.» Eines haben die «Revolutionen», die die Musikentwicklung der letzten sechs Jahrzehnte mal mehr, mal weniger politisch, mal im vollen Ernst und mal voller Ironie, mal als modischer Schick und mal als glühende Utopie durchziehen, auf jeden Fall bewirkt: Sie haben sich mit den Songs, die sie hervorgebracht haben, in jeder Biografie als erinnerungswürdige Momente des Heranwachsens verewigt. Das aber hat, wenn auch auf eine eher unspektakuläre Weise, vielfach mehr bewirkt als so mancher Barrikadenkampf.

# I. Eine Revolution, die keine war – Der Rock'n'Roll

Die Geschichte ist mindestens schon tausendmal erzählt worden und hat dabei stets ein wenig mehr Glanz und Gloria erhalten. Die Rede ist von jenem denkwürdigen Moment, als Elvis Presley den Memphis Recording Service, 706 Union Avenue, in Memphis, Tennessee, betrat. Er ist als Geburtsstunde des Rock und als Beginn einer musikalischen Revolution in die Annalen eingegangen. Doch wie meist in der Geschichte, vor allem in der Geschichte der Revolutionen, ist die Wirklichkeit um einiges unspektakulärer. Und auch hier hatte der Erfolg viele Väter.

Der Memphis Recording Service war einer jener Aufnahmedienste, die Anfang der 1950er Jahre in den USA zu Tausenden aus dem Boden schossen. Wie die ein halbes Jahrhundert früher aufgekommenen Fotostudios standen sie jedem offen, der sich auf Platte, in diesem Fall auf einer Schallplatte, verewigen lassen wollte. Die Aufnahmen wurden in Acetate Discs geschnitten, Aluminiumscheiben mit einem Lacküberzug für die Schallrillen. Dass diese Branche Anfang der 1950er Jahre boomte, hatte mit der kurz zuvor in den USA auf den Markt gelangten Magnetbandtechnik zu tun. Auf Band konnten die Aufnahmen nach Betätigung des Rückspulknopfes so lange wiederholt werden, bis sie als gelungen galten, ohne dass dafür die nicht eben billigen Acetate-Rohlinge gebraucht wurden. Das Resultat ist auf eine Plattenschneidmaschine überspielt worden und stand sofort zur Mitnahme bereit. Notdürftig umgerüstete Geschäftsräume dienten den «Klangfotografen» als Aufnahmestudios. Aufgenommen wurde alles, was Töne hatte. Allein in der Stadt am Ostufer des Mississippi wies das Telefonbuch für 1954 mehr als 50 solcher Studios aus.

Der 1950 entstandene Memphis Recording Service allerdings war etwas Besonderes. Er hatte sein Domizil in einer kleinen ehemaligen Ladenwerkstatt. Der Eigentümer, Sam Phillips, betreute als Toningenieur den Sendebetrieb einer CBS-Station in Memphis. Hier lernte er nicht nur seinen Namensvetter Dewey Phillips kennen, eine der wichtigsten Radio-Persönlichkeiten der Stadt. Auch Marion Keisker kreuzte dort seinen Weg, die in dem winzigen Empfang vor dem eigentlichen Aufnahmeraum residierte und hier an jenem denkwürdigen Tag im August 1953 Elvis Presley begrüßte. Sie hatte eine eigene Radio-Show moderiert, bevor sie Sam Phillips zur Hand ging. Selbst wenn die Geschichtsbücher sie zur Sekretärin degradiert haben und Sam Phillips den glorreichen Augenblick später für sich reklamierte, so war doch – nach eigenem Zeugnis und dem anderer Zeitzeugen – sie diejenige, die die Aufnahmeapparate bediente, als Elvis Presley seine ersten beiden Plattenseiten aufnahm. Der 18-jährige Lkw-Fahrer von Crown Electric ließ sich für $3,98 mit zwei Songs verewigen – *My Happiness*, ein sentimentaler Pop-Standard, der 1948 ein Pop-Hit für das Duo Jon & Sandra Steele war, und *That's When Your Heartaches Begin*, eine Pop-Ballade, mit der 1941 die Ink Spots, ein farbiges Gesangsquartett aus Indianapolis, einen moderaten Hit hatten.

Zu diesem Zeitpunkt hatte sich der Memphis Recording Service bereits einen Namen in der Branche gemacht, da Phillips neben dem Straßengeschäft Blues- und Rhythm & Blues-Musiker aus der Region ins Studio holte. Die Aufnahmen gab er an diverse Plattenfirmen zur Veröffentlichung weiter. Joe Hill Louis, Lost John Hunter & His Blind Cats, Jackie Brenston und B. B. King etablierten den Ruf des Studios, dem er 1952 mit Sun Records ein eigenes Plattenlabel an die Seite gestellt hatte, als potenzielles Sprungbrett in den Pop-Olymp. Auch Elvis Presley mag darauf spekuliert haben, denn seine Platte – der Legende nach ein Geburtstagsgeschenk für seine Mutter – hätte er für 25 Cent pro Seite beispielsweise auch bei W. T. Grant's in Memphis' Main Street haben können.

Stattdessen stand er ein knappes halbes Jahr später erneut vor der Tür des Memphis Recording Service. Diesmal kam er mit zwei anderen Pop-Standards der Zeit: *I'll Never Stand In Your Way*, womit der Italo-Amerikaner Joni James sich 1953 in die

Herzen der amerikanischen Hausfrauen gesungen hatte, und *It Wouldn't Be the Same Without You*, eine Country-Ballade des singenden Cowboy-Darstellers Jimmy Wakely. Und wieder war es Marion Keisker, die nicht nur die Aufnahme machte, sondern auch Scotty Moore, Chef der sechsköpfigen Country Band The Starlite Wranglers und auf der Suche nach einem Sänger, den Hinweis auf die Gesangskünste des schüchternen jungen Mannes mit der Gitarre gab. Bei einem Treffen in Moores Haus präsentierte Presley sein Repertoire. Das löste zwar keine Euphorie aus, führte aber dazu, dass *That's All Right*, ein Country Blues von Arthur «Big Boy» Crudup, und *Blue Moon of Kentucky*, ein Country Song von Bill Monroe, für eine erste Single ausgewählt wurden.

Die Platte, die im Juli 1954 erschien und alle Zeichen jener damals so weit verbreiteten Billigproduktionen trägt, ist inzwischen legendär. Aufgenommen wurde sie in einem Take ohne alles Drumherum, lediglich Elvis Presley mit seiner Gitarre, Bill Black am Kontrabass und Scotty Moore als Gitarrist. Dewey Phillips stellte sie in seiner Show «Red, Hot & Blue» der Öffentlichkeit vor und The Blue Moon Boys, so nannte sich das Trio fortan, wurden zu einer lokalen Berühmtheit.

Sam Phillips brachte noch vier weitere Singles mit Elvis Presley heraus, die letzte – *I Forgot To Remember To Forget / Mystery Train* – im August 1955, alles Nachproduktionen lokaler Hits. *Mystery Train*, ein Song des Blues-Sängers Junior Parker, war 1953 sogar schon einmal bei Sun Records erschienen, mit Little Junior's Blue Flames, der Band von Junior Parker. Insgesamt hat Elvis Presley 20 Songs für Sam Phillips aufgenommen, von denen zehn auf Sun Records erschienen waren, als Steve Sholes, Produzent und Chef der Country Abteilung der renommierten RCA Records in Nashville, auf den Sänger aufmerksam wurde. Der Rest ist Geschichte.

Die Story hätte so oder ähnlich aus jeder mittleren Stadt im Süden der USA erzählt werden können. Es gab Legionen von Freizeit-Musikern und -Bands, die Anfang der 1950er Jahre in die aus dem Boden schießenden Studios strömten, um hier ihr Glück zu versuchen. Der Süden der USA ist eine musikalisch ungemein reichhaltige Region, in der sich die Kultur der indianischen Ureinwohner mit der Kultur der frühen spanischen, französischen, deutschen, schottischen und irischen Einwanderer sowie derjenigen der Amerikaner afrikanischer Herkunft kreuzte. Die grundverschiedenen musikalischen Traditionen dieser diversen Volksgruppen befruchteten sich gegenseitig; durch Nachspielen und Umsingen entstanden ständig neue Lieder und Tanzmelodien. Das Musizieren gehört hier bis heute zum Alltag, ist durch Radio und Fernsehen lediglich ergänzt und nicht etwa verdrängt worden. Jeder, der auch nur ein wenig Talent besitzt, greift irgendwann zu einem Instrument, mindestens zur Gitarre. Die Jukeboxes in den Kneipen und Tanzlokalen werden nur dann in Gang gesetzt, wenn es keine Live-Musik gibt. Es ist daher nicht verwunderlich, dass sich Anfang der 1950er Jahre die damals noch weitgehend ungehobenen musikalischen Schätze aus dem Süden der USA großer Aufmerksamkeit erfreuten, auch wenn sie nicht überall auf Begeisterung stießen.

Und so gab es dann auch gleich mehrere solcher Momente, die als Geburt des Rock in die Annalen der Geschichte eingingen, mal mehr, mal weniger berechtigt. In den Pythian Temple Studios in Manhattans Upper Westside stand fast zur gleichen Zeit, in der Elvis Presley seine ersten Aufnahmen in Memphis machte, ein etwas korpulenter Endzwanziger aus Chester, Pennsylvania, mit seiner Band vor dem Mikrofon. Die Musikrichtung, die die Band bediente, war eine als Western Swing bekannt gewordene Spielart der Country Music. Nach der Aufnahme des Songs, den die Plattenfirma Decca Records aus seinem Repertoire ausgewählte hatte – *Thirteen Women (And Only One Man In Town)* –, blieb kaum noch Zeit für den zweiten Titel, den es als B-Seite für eine Single-Veröffentlichung braucht. Milt Gabler, der sich als Jazz-Produzent einen Namen gemacht hatte und seit 1941 für Decca die Pop-Sparte betreute, ließ deshalb statt des ursprünglich geplanten Titels einen Song einspielen, den die Band gut drauf hatte. Ausgerechnet diese Aufnahme musste aber auf die Schnelle noch wiederholt werden, da dem Sänger die Stimme versagte. Die Endfassung ist eine Montage aus beiden Takes. Dass die Aufnahme ihre charakteristische Prägung durch zwei Studiomusiker erhielt, die den Titel zuvor noch nie gespielt hatten, gehört zur Ironie der Geschichte. Gitarrist Duane Cedrone und Schlagzeuger Billy Gussak waren für die Aufnahmesession zur Verstärkung der Band angeheuert worden. Gussaks treibender Rhythmus und Cedrones Gitarrensolo gaben dem Titel das, was ihn aus den zahllosen Routineproduktionen jener Zeit heraushob. Als die Musiker ihre Instrumente einpackten, war einer der erfolgreichsten Songs in der Geschichte der Popmusik auf Band – Bill Haleys *Rock Around the Clock*. Nur wusste das damals keiner. Zwei Jahre vergingen, bis sich der Erfolg endlich einstellte.

Auch *Rock Around the Clock* ist die Nachproduktion eines lokalen Hits. Geschrieben von Max C. Freedman und James E. Myers (unter Pseudonym Jimmy DeKnight), zwei professionellen Songwritern aus New Yorks Broadway-Szene, wurde der Titel 1953 zunächst für den Italo-Amerikaner Pascal Vennitti, der als Sonny Dae & His Knights auftrat, ein Hit. Arcade Records, das Label, auf dem er veröffentlicht ist, gehörte Bill Haleys Manager Jack Howard, der den Song auch an Haley weiterreichte. Jahre später, als es nichts mehr gab, was nicht auf Tonträger zugänglich gemacht worden war, fiel auf, dass der Song eine recht deutliche Ähnlichkeit mit Hank Williams' *Move It On Over* (1947) besaß, mit dem der 1953 früh verstorbene Country-Star seine Karriere auf dem kleinen Label Sterling Records begonnen hatte. Da solche Nachproduktionen in den unterschiedlichsten Zusammenhängen auftauchten, fiel das Abkupfern seinerzeit kaum auf. Und in diesem Fall blieb es folgenlos. Williams war verstorben und Sterling Records nach ganzen 14 Single-Veröffentlichungen längst in Konkurs gegangen.

Die große Zahl von Nachproduktionen in jenen Jahren erklärt sich aus dem Umstand, dass ein relativ kleiner Kreis professioneller Songschreiber und Musikverlage die Plattenfirmen mit Songs belieferte. Diese wurden für einen gewissen Zeitraum zur wirtschaftlichen Verwertung in Produktionen mit den Künstlern, die bei ihnen unter Vertrag standen, gemietet. Je unbekannter die Songs, desto billiger waren sie zu haben. Deshalb erschienen die meisten der Nachkriegshits in den USA zunächst in Produktionen für die lokalen Märkte oder für die afroamerikanische Bevölkerungsminderheit und erst dann auf dem Mainstream-Popmarkt, wenn sich ein Erfolgspotenzial abzeichnete. Damals standen noch die Songs, nicht die Aufnahmen, im Mittelpunkt des Pop-Geschehens. Als 1951 Johnnie Rays *Cry* mit 35 Millionen verkaufter Platten für die Columbia Records zum Hit wurde, war der Titel bereits in 13 anderen Versionen auf dem Markt. Johnnie Ray begeisterte übrigens bereits seit 1950 mit genau dem gleichen Konzept wie Elvis Heranwachsende und war gleichsam sein Double im Voraus.

*Rock Around the Clock* blieb unbeachtet, obwohl der A-Seite der im Mai 1954 veröffentlichten Single, *Thirteen Women,* durchaus ein moderater Erfolg beschieden war. Der Song teilte damit das Schicksal der meisten B-Seiten. Die Plattenfirma entschloss sich, die Aufnahme noch einmal, diesmal als A-Seite einer Single, zu veröffentlichen, nachdem der Hollywood-Regisseur Richard Brooks den Song 1955 für die Titelmusik zu seinem Film *The Blackboard Jungle* (MGM, dt. *Die Saat der Gewalt*) nach einer Novelle von Evan Hunter über eine aufmüpfige Schulklasse ausgewählt hatte. Jetzt schoss die Aufnahme binnen einer Woche an die Spitze der amerikanischen Billboard-Charts und trug die Kunde des Rock'n'Roll, unterstützt von der Marktmacht US-amerikanischer Filmverleihfirmen, rund um den Globus. Dem *Guinness Buch der Rekorde* zufolge sind in der gesamten Geschichte der Popmusik nur Bing Crosbys *White Christmas* (1942) und Elton Johns *Candle in the Wind* (1973/1997 umgetextet) häufiger verkauft worden.

Bill Haleys *Rock Around the Clock* war nicht der erste Titel seiner Art, auch nicht sein erster Erfolg. Den hatte er 1953 mit *Crazy Man Crazy* von Marshall Lytle, dem Bassisten der Band. *Rock Around the Clock* war noch nicht einmal der erste Song, der so hieß. Schon 1950 erschien auf Mercury ein *Rock Around the Clock*, geschrieben von Them Theard, der es seit den späten 1930er Jahren als Spo-Dee-Odee zu einer Reihe von Rhythm & Blues-Hits gebracht hatte, und Hal Singer, Tenorsaxofonist, mit dessen Band die Aufnahme eingespielt worden war. Zwei Jahre später gab es ein weiteres *Rock Around the Clock* auf Dot Records, von Wally Mercer, einem singenden Boogie-Pianisten aus Florida. Die drei Songs haben keinerlei Gemeinsamkeiten, sieht man von der titelgebenden Refrainzeile einmal ab. Neben solchen direkten Entsprechungen gab es ähnlich klingende Vorläufer mit dem charakteristischen Backbeat auf den eigentlich unbetonten Zählzeiten und dem rollenden Boogie-Bass schon seit den 1930er Jahren. Joe Turner, der mit *Shake Rattle and Roll* 1954 einen Song einspielte, der in Haleys wenig später herausgebrachter Nachproduktion zum Hit wurde, steuerte mit dem 1939 auf Vocalion Records erschienenen *Roll 'Em Pete*, eine Komposition des Boogie-Pianisten Pete Johnson, ein besonders eindrucksvolles Beispiel bei, das damals allerdings fast unbemerkt blieb. Turner hat in den 1950er Jahren den Titel erneut in mehreren Versionen aufgenommen – da machte er dann Furore.

Als sich der Begriff Rock'n'Roll in der zweiten Hälfte der 1950er Jahre als Marketing-Kategorie für die Teenager-Musik behauptete, war es eigentlich schon wieder vorbei damit. Am 24. März 1958 wurde Elvis Presley in die US Army eingezogen. Bereits im Jahr darauf bevölkerten kaum dem Kinderzimmer entwachsene Stars wie Frankie Avalon oder Paul Anka die Hitparaden, die die romantische Ballade von einst wieder zu neuem Leben erweckten. Little Richard hatte 1957 dem Rock'n'Roll als «Teufelsmusik» abgeschworen und war religiös geworden. Jerry Lee Lewis verschwand für mehrere Jahre aus der Öffentlichkeit, nachdem er 1958 eine Englandtournee abbrechen musste, weil bekannt geworden war, dass er seine minderjährige Cousine geheiratet hatte. Buddy Holly und Richie Valens kamen 1959 bei einem Flugzeugabsturz ums Leben. Im gleichen Jahr überwarf sich Bill Haley mit seiner Plattenfirma Decca Records, was seiner Karriere zunächst ein jähes Ende setzte. Und Chuck Berry wurde 1960 zu einer mehrjährigen Gefängnisstrafe verurteilt, weil er gegen das Verbot verstoßen hatte, Minderjährige gegen den Willen ihrer Eltern in einen anderen US-Bundesstaat zu bringen.

Die Karriere des Begriffs Rock'n'Roll geht auf Alan Freed zurück, einen Radio-DJ aus Cleveland, Ohio. Er hatte der Musikauswahl seiner ab 1951 über den Sender WJW täglich zwischen

23:15 Uhr und 1:00 Uhr ausgestrahlten, von einem großen Plattengeschäft gesponserten Show die Bezeichnung «Rock and Roll Music» gegeben. LaVern Baker, Della Reese, Ivory Joe Hunter, Red Prysock oder Gil Bernal waren seine Favoriten – urbaner Rhythm & Blues, stark vom Jazz beeinflusst und möglichst wild und roh, um die Hörer zu dieser nächtlichen Stunde am Radio zu halten. Alan Freed beanspruchte den Titel «Vater des Rock'n'Roll», dabei hatte er sich lediglich aus einem der Songs bedient, die er in seiner Show vorstellte. Die Phrase – in etwa «Stoßen und Wälzen» – war mit ihrer nicht ganz jugendfreien Bedeutung in den verschiedenen Tanzmusik-Stilen weit verbreitet. Schon 1934 war das *Rock and Roll* der Boswell Sisters erschienen, drei weißen jungen Damen, die mit jazzigen Popsongs die Charts eroberten. 1947 veröffentlichte Paul Bascomb, Tenorsaxofonist aus Birmingham, Alabama, sein *Rock and Roll* auf Manor Records. 1949 folgten *Rock and Roll* von dem Tenorsaxofonisten Wild Bill Moore auf Savoy, *Rock and Roll* von Doles Dickens, einem Blues-Sänger aus Chicago, auf Continental Records und ein weiterer Song mit diesem Titel von dem Rhythm & Blues-Sänger Erline Harris, einem Cousin von Louis Armstrong, auf DeLuxe Records. Und diese Reihe ließe sich beliebig verlängern, würden die Songs einbezogen, die die Phrase «rock and roll» oder «rockin' and rollin'» im Text gebrauchen, aber nicht als Titel tragen.

Auch die Idee, afroamerikanische Rhythm & Blues-Platten für ein gemischtes Publikum von einem weißen Moderator im Radio präsentieren zu lassen, war 1951 nicht mehr ganz neu. Sie kam unmittelbar nach dem Zweiten Weltkrieg mit der rasanten Ausbreitung des Radios und der Entdeckung der Afroamerikaner als relevante Zielgruppe der Konsumgüterindustrie, mithin als Adressaten für deren Werbebotschaften auf. Dewey Phillips in Memphis machte in seiner «Red, Hot & Blue»-Show seit 1949 im Prinzip nichts anderes. Und Hunter Hancock legte bei KFVD in Los Angeles schon 1943 Jazz- und Rhythm & Blues-Platten auf. Lokale Musikformen jenseits des Pop-Mainstreams als «Rock'n'Roll» zu bezeichnen, ist eigentlich erst nachträglich zum Synonym geworden für die Hits von Bill Haley, Elvis Presley, Fats Domino, Chuck Berry, Bo Diddley und all den anderen, die zwischen 1955 und 1958 an die Spitze der Charts gespült wurden. Ob es sich musikalisch dabei um Boogie Woogie, Western Swing, Rockabilly, DooWop, Rhythm & Blues, Barrelhouse Blues oder was immer auch handelte, hatte eigentlich nur für Musiker Relevanz. Für ihr Publikum war es unterschiedslos «red hot dance music» – brandheiße Tanzmusik und damit genau das, was gute Musik in diesem Bereich eigentlich immer schon war.

All das war *business as usual* – und doch ist es nur wenige Jahre später als eine tiefe Zäsur wahrgenommen worden, nach der zumindest die musikalische Welt nicht mehr so war wie vorher. Zwar sind die Ursachen für dieses Gefühl gewiss nicht in der Musik zu suchen, aber der Rock'n'Roll der 1950er Jahre war ein greifbares Symbol, auf das sich die verschiedenen Zeitströmungen projizieren ließen. Musikalisch sind die Bindungen an die Vergangenheit viel enger, als sie im Nachhinein wahrgenommen wurden. Nicht nur, dass der Rock'n'Roll in einer Weise getanzt wurde, die fast identisch mit Jitterbug und Lindy Hop war, den Swing-Tänzen aus den 1930er Jahren. Auch die Saxofonisten des Rhythm & Blues der Nachkriegszeit kamen vielfach aus den Swing Big Bands, angefangen mit Louis Jordan, der im Orchester von Chick Webb gespielt hatte und 1946 mit *Choo Choo Ch'Boogie* oder *Ain't Nobody Here But Us Chickens* aus dem selben Jahr gleich mehrere Anwärter auf den ersten Rock'n'Roll-Song veröffentlicht hatte. Art Ryerson, als Session-Musiker und Gitarrist an allen frühen Haley-Aufnahmen beteiligt, war zuvor im Orchester von Paul Whitman unter Vertrag. Rudy Pompilli, ab 1955 Saxofonist in Haleys Band The Comets, gehörte der Big Band von Ralph Marterie an. Frannie Beecher, Bill Haleys Lead-Gitarrist, hatte im Orchester von Benny Goodman gespielt. Als Alan Freed im Frühjahr 1956 bei der New Yorker Station WINS mit seiner Show *Camel Rock and Roll Party* auf Sendung ging, war die Hausband der Show anfangs das Count Basie Orchestra, das noch im gleichen Jahr von der Branchenzeitschrift *Cash Box* den Titel «Beste Rock'n'Roll-Band des Landes» verliehen bekam. Elvis Presley wiederum ging mit Songs ins Studio, die in der lokalen Musikpraxis seiner Region verwurzelt waren und dort an eine lange Tradition anknüpften. Singen gelernt hatte er während der Gottesdienste in der Kirche seines Geburtsortes, Tupelo, Mississippi, wo er auch mit der afroamerikanischen Spiritual- und Gospeltradition in Kontakt kam. Eines allerdings hatte sich in den 1950er Jahren dramatisch verändert: die Art und Weise, wie Musik gehört und mit ihr umgangen wurde.

1949 begann die RCA mit der Veröffentlichung von Single-Schallplatten, die mit den dazu angebotenen preiswerten Abspielgeräten auf Teenager-Konsumenten zielten, eine Altersgruppe, die zuvor auf dem Musikmarkt so gut wie nicht präsent war. 1960 entfielen dann bereits 70 Prozent des Gesamtumsatzes mit Tonträgern auf die jugendlichen Käuferschichten. Im November 1954 kamen mit dem Regency TR-1 in den USA die ersten Kofferradios auf den Markt. Sie waren beliebt bei den 13- bis 19-Jährigen, die so ihrer Musikleidenschaft frönen konnten, ohne permanent mit den Eltern in Konflikt zu geraten. Dass der Konflikt dennoch nicht ausblieb, hatte mit dem zu tun, was sie hörten – eben jene lokalen Musikformen, die inzwischen den Markt überfluteten. Das aber war Musik, die eigentlich für Erwachsene gedacht und auch nicht für den Mainstream-Markt bestimmt war, wo man Kontroverses besser vermied. Und so sahen die weißen Mittelschichten in den USA ihre Sprösslinge von einer Kultur begeistert, die für das «ganz unten» in der sozialen Stufenleiter stand, egal, ob es sich um die ungehobelten Country-Songs oder die Direktheit und sprachliche Drastik afroamerikanischer Blues- und Rhythm & Blues-Songs handelte. Hinzu kamen die professionellen Bedenkenträger und Daueraufreger aus den verschiedenen politischen Lagern, die den Anstieg der Jugendkriminalität, Früh-Schwangerschaften und allgemeinen Werteverfall mit der Musikbegeisterung von Teenagern – der Begriff wurde damals fürs Feuilleton erfunden – in Zusammenhang brachten. Senator McCarthy sah die «fünfte Kolonne Moskaus» am Werk (Pichaske: 39), wo wiederum die gleiche Musik als «kulturelle Invasion des amerikanischen Imperialismus» verunglimpft wurde (Wicke: 18). Und natürlich fehlte es in dem aufgeregten Klima nach den Brown vs. Board of

Education-Entscheidungen des Obersten Gerichtshofes in den USA von 1952 und 1954, mit denen der Rassentrennung an öffentlichen Schulen ein Ende gemacht wurde, nicht an Stimmen, die in dem vermeintlich unaufhaltsamen Vormarsch «schwarzer» Musik den nahen Untergang sahen. Dass die in Rede stehende Musik, auch wenn von farbigen Musikern aufgenommen, nicht eben selten von professionellen Songschreibern aus den weißen Mittelschichten wie Jerry Leiber und Mike Stoller stammte, wurde geflissentlich übersehen.

Heute, wo sich der Staub, den die Schlachten damals aufwirbelten, längst gelegt hat, wo nicht nur die Statistik, sondern auch die Wirklichkeit belegt, dass die Fans von Elvis Presley, Bill Haley oder Chuck Berry als Erwachsene auch nicht viel anders geworden sind als ihre Eltern, zeichnet sich deutlicher ab, worum es damals eigentlich ging – um einen unvermeidbar gewordenen kulturellen Wandel, der von den Instanzen der Kultur- und Medienindustrie nach dem Zweiten Weltkrieg lediglich rasant vorangetrieben wurde. Mit der umfassenden Kommerzialisierung aller Lebensbereiche und den sich dabei abzeichnenden neuen Möglichkeiten individueller Selbstverwirklichung verloren die Tugenden, die noch den Alltag strukturierten – Fleiß, Sparsamkeit und das Streben nach Höherem –, an Glaubwürdigkeit. Es brauchte die Anpassung des Wertesystems an eine auf der Massenproduktion von Konsumgütern basierende Ökonomie, die Hedonismus, Spontaneität und immerwährende Konsumbereitschaft verlangt. Umso heftiger wurden die traditionellen Kulturmuster als Bastion gegen den Wandel verteidigt. Die repressive Sexualmoral etwa, der sich die Jugendlichen in den 1950er Jahren noch ausgesetzt sahen, war durch die Bildersprache der Werbung in den Massenillustrierten und im Fernsehen längst ausgehöhlt, als der Rock'n'Roll mit seiner herausfordernden Sinnlichkeit den Anspruch Jugendlicher auf ein freieres und ungezwungeneres Verhältnis zur Sexualität ankündigte. Am deutlichsten manifestierte sich der Umbruch in der Tatsache, dass mit den kommerziell organisierten Massenmedien eine neuartige Sozialisierungsinstanz mit Macht neben Elternhaus und Schule in Erscheinung getreten war. Kofferradio und

Single-Schallplatte haben den Medienkonsum Heranwachsender nicht nur drastisch ansteigen lassen, die durchschnittliche Nutzung des Radios durch Jugendliche hat sich in den USA zwischen 1952 und 1960 auf über drei Stunden täglich mehr als verdoppelt, sondern der Prozess des Heranwachsens selbst wurde jetzt von der Kulturgüterindustrie definiert. Diese aber ist nicht nur der direkten Einflussnahme durch Elternhaus und Schule entzogen, sondern lässt auch die Politik schnell an Grenzen geraten. Das hat später noch häufiger Konflikte ausgelöst, damals aber gerade in den amerikanischen Mittelschichten inkommensurable Welten aufeinanderprallen lassen. Vor dem Hintergrund des hier sehr ausgeprägten sozialen Aufstiegsbewusstseins mit den entsprechenden Anforderungen an Lernbereitschaft, Disziplin und Arbeitsethik war der Zusammenstoß mit einer ganz auf Konsum, Hedonismus und Sinnlichkeit angelegten Massenkultur besonders stark. Und umgekehrt entdeckten diese relativ kaufkräftigen Heranwachsenden, vor dem Kofferradio und als immer massiver umworbene Abnehmer, dass Konsum mehr als bloßer Güterverbrauch ist. Sie begannen, die Probleme des Heranwachsens auf die Konsumgüterwelt zu projizieren, die sich ihnen so aufdringlich andiente, lernten mit Statusgewinn, Singebungs- und Distinktionsstrategien durch Konsum umzugehen. Die Musik war dafür eine besonders geeignete Ressource, denn sie ließ sich mühelos in die Lebenswelt Heranwachsender einbinden. So wurde Musik, die eigentlich nichts anderes sein wollte als Entertainment, gleichsam unter der Hand zu einem Symbol des Heranwachsens. Aus dem Nonsense eines *Hound Dog* – 1956 einer der ersten großen Hits für Elvis Presley – dem Klagelied einer Ehefrau, die ihren Mann nicht viel nützlicher findet als eben einen regelmäßig zu fütternden Hund, wurde die *Sweet Little Sixteen* (1958) von Chuck Berry, die ihren Vater um etwas mehr Freiraum bittet, damit auch sie, wie all die anderen, an den Freuden des Teenager-Daseins teilhaben kann. Am Ende war die Ursache zwar nicht der Rock'n'Roll, doch die Welt sah wenige Jahre nach Elvis Presleys erstem Besuch des Memphis Recording Service tatsächlich völlig anders aus.

## 2. Eine Revolution, die keine sein wollte – British Beat

Im Februar 1964 nahm der britische Regierungssprecher William Deedes in einer für die Regierung Ihrer Majestät höchst ungewöhnlichen Erklärung zu den Beatles Stellung: «Sie stehen an der Spitze einer kulturellen Bewegung Jugendlicher, die zu einem Bestandteil der Geschichte unserer Zeit werden könnte … Für diejenigen, die einen Blick dafür haben, vollzieht sich hier etwas sehr Bedeutsames und Ermutigendes. Die Jugend verweigert sich den fragwürdigen Standards ihrer Eltern, nach denen unsere Wirtschaft in den letzten Jahren in einem viel zu hohen Maße ausgerichtet wurde … Sie ahnen, dass in einer Welt der Automatisierung, der niedergehenden Handwerkskunst und der zunehmenden Freizeit etwas dieser Art ganz wesentlich ist, um das menschliche Streben, sich auszuzeichnen, und die menschliche Fähigkeit, aus sich etwas zu machen, nicht zu verlieren» (zit. n. Johnson: 326). Vorangegangen war dem eine hitzige Debatte im britischen Unterhaus über den Zustand der britischen Jugend, des britischen Schulwesens und der Familienpolitik angesichts der um sich greifenden Beatlemania. Diese offizielle Einschätzung blieb nicht unwidersprochen. Im konservativen *New Statesman* schrieb Paul Johnson, Chefredakteur des politischen Wochenmagazins: «Wenn die Beatles und ihresgleichen tatsächlich das sind, was die britische Jugend will, dann müsste man zutiefst verzweifeln. Ich weigere mich, dies zu glauben … Diejenigen, die die Beatles umschwärmen und deren leere Gesichter über die Fernsehschirme flimmern, sind der bedauernswerte Teil ihrer Generation: die Abgestumpften, Faulen, die Versager. Ihr Vorhandensein in so großer Zahl … ist ein beängstigendes Anzeichen für das Versagen unseres Bildungssystems, das bei zehnjährigem Schulbesuch kaum in der Lage ist, ihnen die Lesefähigkeit beizubringen.»

Die Debatte, die sich über Wochen hinzog, wurde von den vier Spaßvögeln aus Liverpool, die den Grund dafür geliefert hatten, wohl kaum zur Kenntnis genommen. Anfang Februar 1964 waren sie zu ihrem ersten USA-Aufenthalt aufgebrochen, um in der renommierten *Ed Sullivan Show* aufzutreten. Hier hatte 1956 auch Elvis Presley einen weidlich publizierten Auftritt, da Ed Sullivan, der Gastgeber der Show, im Vorfeld verbreiten ließ, Elvis Presley nur von der Hüfte an aufwärts zu zeigen. Zu sehen war er dann aber doch in voller Körpergröße. Die Beatles hatten mit *She Loves You* (1963) und *I Want to Hold Your Hand* (1963) gerade zwei Single-Veröffentlichungen auf dem Markt, die zu den umsatzstärksten Platten in der an Superlativen nicht eben armen Geschichte der Popmusik gehören sollten. Das Debüt der Beatles am 9. Februar 1964 auf den amerikanischen Fernsehschirmen verfolgten 40 Prozent der US-Bevölkerung, mehr als 74 Millionen Menschen. Nach der Rückkehr aus den USA stand das Quartett im März und April 1964 für den Film *A Hard Day's Night* vor der Kamera, der sich in der Regie von Richard Lester gefüllt mit Beatles-Songs in slapstickhafter Manier am «typischen» Tagesablauf der Jungstars entlang hangelte und zum Kassenschlager wurde. Von Juni bis November 1964 lief die erste Welttournee, die das Quartett nach Skandinavien, Asien, Australien und Neuseeland, durch die USA und Kanada führte. Insgesamt also wenig wahrscheinlich, dass die von ihrem Erfolg förmlich überrollten jungen Liverpooler eine Debatte über die sogenannte «Beatle-Verrücktheit» verfolgt haben. Und genau genommen ging es dabei auch gar nicht wirklich um sie.

Der Begriff «Beatlemania» war eine Kreation der britischen Boulevard-Presse und wurde Mitte Oktober 1963 geboren. Die Beatles, durch ihre spektakulären Plattenverkäufe zu einem nationalen Popereignis geworden, hatten am 13. Oktober 1963 ihren ersten Auftritt in der wöchentlichen Unterhaltungsshow *Sunday Night at the London Palladium*, die aus dem Musical-Theater im Zentrum Londons live übertragen wurde. Der geplante Auftritt führte zu einem unerwarteten Massenauflauf Jugendlicher, die einen Blick auf die «Fab Four» erhaschen wollten. Das war zwar zehn Jahre zuvor, im Frühjahr 1953, auch schon passiert, als der jugendliche US-Star Johnny Ray mit einem Programm aus Pop-Balladen und afroamerikanischem Rhythm & Blues im London Palladium gastierte. Nur war das der Presse damals nicht mehr als ein Mini-Foto in der Rubrik «Vermischtes» Wert. Ein Jahrzehnt später galt derselbe Vorgang als irritierender Ausdruck eines gesellschaftlichen Problems. Jetzt präsentierten die Medien der Öffentlichkeit unter der reißerischen Schlagzeile «Beatlemania» effektvolle Bilder aufgeregter Massen von Teenagern in sensationsheischenden Schnappschüssen.

Kreischende Fans gehörten allerdings schon zu den Begleiterscheinungen von Frank Sinatras Soloauftritten im New Yorker Paramount Theatre im Oktober 1944 und waren an der Tagesordnung, seit elektrische Verstärkeranlagen jede Geräuschkulisse übertönen konnten. Oder fast jede, denn die Tatsache, dass die Beatles nach ihrer letzten Amerikatournee im August 1966 live nicht mehr auftraten, war nicht zuletzt dem Umstand geschuldet, dass sie gegen die Lärmkulisse mit der Technik von damals nicht mehr ankamen. Das Kreischen war nichts anderes als ein Ritual, eine zeremonielle Form des Mittuns der immer jünger werdenden Fans, denen die Ballsäle und Tanzklubs wegen des Alkoholausschanks dort verschlossen blieben. Zum Abtanzen blieb nur die häusliche Party. Zum Austoben das Kreischritual. Paul McCartney berichtete später in einem Interview von einer bezeichnenden Szene: Als einem Mädchen in der ersten Reihe, das völlig außer Rand und Band geraten schien, die Handtasche auf den Boden rutschte, schaltete sie schlagartig auf «Normal», verstaute ihre Handtasche wieder ordentlich neben sich und legte dann ebenso übergangslos wieder den Kreischgang ein. So viel zu den angeblich enthemmenden Wirkungen der Beatmusik.

Die öffentlich zelebrierten Irritationen hatten mit dem Umstand zu tun, dass «Jugend» zu einem intensiv verhandelten Problemthema geworden war. Seit Mitte der 1950er Jahre wurde der Ausbruch der Jugendlichen aus den tradierten Verhaltensmustern in diversen Fachöffentlichkeiten, unter Lehrern, Sozialpädagogen, Soziologen und Jugendfürsorgern vehement diskutiert und von einer Mehrheit des Medienpublikums an den eigenen Kindern erfahren. Im Konstrukt des Beatles-Fans als eines pathologisch verhaltensgestörten Heranwachsenden, von der Musik in einen Zustand unkontrollierbarer Hysterie versetzt, schien die Jugendproblematik ihren griffigsten Ausdruck zu finden. Dabei wurde gerne übersehen, dass vor allem die Bildmedien die Verhaltensweisen, die sie mit ihren Schnappschüssen porträtierten, in nicht unerheblichem Maße erst hervorbrachten. Die jugendlichen Beatles-Fans waren, umlagert von Fotografen und Kamerateams, nicht mehr bloß Veranstaltungsbesucher, sondern sie spielten in dem Spektakel auf einer imaginären Bühne vor den Augen der Nation die Hauptrolle. Wo sonst wurde Heranwachsenden in dieser Zeit eine ähnlich große Aufmerksamkeit entgegengebracht?

Dabei legten die Medien mit ihren auf Sensation angelegten Bildern und Berichten kulturelle Verhaltensmuster Jugendlicher offen, die eine deutliche Verlagerung von Sinnbedürfnissen und Wertorientierungen auf eine Musik signalisierten, die das durch nichts zu rechtfertigen schien. Dieser Vorgang wurde als eine sozial bedingte Verhaltensstörung interpretiert, an der sich die Übel der unvermeidlichen gesellschaftlichen Wandlungsprozesse festmachen ließen, die mit der aufziehenden Massenkonsumgesellschaft und den sich rasant verbreitenden kommerziell organisierten Medien einhergingen. Das Thema «Jugend» rückte damit, wie zuvor schon in den USA und wenig später auch in anderen Ländern, ins Zentrum der gesellschaftlichen Auseinandersetzung.

Ausgetragen wurde diese Auseinandersetzung allerdings zunächst erst einmal ganz unspektakulär im Ringen um die kleinen alltäglichen Freiheiten: «Mach das Radio leiser», «komm nicht so spät nach Hause», «lauf nicht so 'rum, sondern zieh dir was Anständiges an» – die drei am häufigsten zu hörenden Sätze, die das Heranwachsen an der Wende zu den 1960er Jahren begleiteten und die zentralen Konfliktfelder markierten, auf denen die Generationen aneinandergerieten. Der immense Erfolg der Beatles hatte damit zu tun, dass sie in allen diesen Bereichen vom uneingeschränkten Sieg Heranwachsender kündeten.

Ihre Musik war das Lauteste, was es bis dahin zu hören gab. Traten die Beatles auf, konnte niemand sagen: «Leiser drehen!» Mit ihrem Aussehen provozierten sie damals in höchstem Maße, weil sie die textilen Statussymbole der Mannbarkeit – Anzug, Schlips und Kragen – mit ihren femininen Langhaarfrisuren zu einer Zeit, wo jede männliche Haarsträhne, die die Ohren auch nur berührte, schon als weibisch galt, treffsicher in eine Karikatur verwandelten. Das Wichtigste jedoch: Obwohl kaum älter als ihr Publikum, mussten sich die Beatles durch ihren Erfolg von keinem mehr bevormunden lassen und kosteten diesen Umstand mit rotzfrechen Bemerkungen in den zahlreichen Interviews, in denen sie nichts und niemanden ernst zu nehmen schienen, auch demonstrativ aus. Damit verkörperten sie in aller Öffentlichkeit – unüberhörbar und unübersehbar –, was bis dahin immer nur vereinzelt und isoliert stattfand: das trotzige Aufbegehren gegen Autoritäten, die sich allein dadurch legitimierten, dass etwas eben immer schon so war. Das stärkte die Position der vielen kleinen Einzelkämpfer in den Kinderzimmern gewaltig und ließ die Eltern angesichts der Welle, die von den Medien ins Gigantische potenziert wurde, hilflos zurück. Die Beatles und all die anderen Gruppen, die Anfang der 1960er Jahre zunächst in England, dann im übrigen Europa – West wie Ost – aus dem Boden schossen, lieferten den Soundtrack für das insgesamt problematisch, widersprüchlich und ambivalent gewordene Heranwachsen in einer sich rapide verändernden Gesellschaft.

Dabei hatte es – in England zumindest – ganz harmlos angefangen. Zu Beginn der 1950er Jahre setzte hier eine massive Gegenbewegung zu dem als «kommerziell» empfundenen Big Band Swing ein. Trad Jazz – Traditional Jazz – wurde durch Bands wie Chris Barber's Jazz Band und Ken Colyer's Jazzmen populär, die auf die Wurzeln des frühen Jazz in New Orleans zurückgriffen. Im Zuge dieser Erneuerungsbewegung wurden auch die schon fast vergessenen Jug und Washboard Bands aus dem Süden der USA wiederentdeckt, die Gitarre und Banjo mit selbst gebastelten Instrumenten – Teekisten-Bass, Zigarrenkisten-Fiedel, Waschbrett als Rhythmusinstrument – kombinierten.

Fälschlicherweise ist das in England «Skiffle» genannt worden. Der Begriff wurde jedoch erst Mitte der 1920er Jahre in Chicago geprägt und bezeichnete damals die immer wieder neu aus den Südstaaten eintreffenden Country Blues Bands. Jimmy O'Bryant and His Chicago Skifflers oder Dan Burley & His Skiffle Boys sind typische Beispiele. Solche Feinheiten interessierten damals allerdings weniger. Entscheidend war vielmehr, dass die Musik unverbraucht und frisch klang. Der Banjo-Spieler der Chris Barber Band, Lonnie Donegan, gab ab 1954, begleitet von Teekisten-Bass und Washboard, gefeierte Skiffle-Einlagen bei den Auftritten der Barber-Band. 1955 veröffentlichte er als The Lonnie Donegan Skiffle Group eine Skiffle-Version von *Rock Island Line*, einem Blues-Song von Huddie «Leadbelly» Ledbetter aus Jahr 1934. Die Aufnahme wurde zum Hit und löste in Großbritannien eine Skiffle-Begeisterung aus, die Tausende Jugendliche zu Instrumenten greifen ließ, denn die spieltechnischen Anforderungen für diese Musik hielten sich sehr in Grenzen.

Der größte Teil dieser Bands verabschiedete sich allerdings schnell wieder von dem eher intellektuellen Impetus der Jazz-Erneuerung, als 1956 das Rock'n'Roll-Fieber um sich griff. Anfang 1956 war der Film *Blackboard Jungle* in die britischen Kinos gekommen; die Synchronfassungen für den europäischen Markt liefen nahezu zeitgleich an. Es folgte eine Welle von Musikfilmen aus Hollywoods Traumfabrik, alle nach dem gleichen Strickmuster gefertigt. Eine notdürftig zusammengeschusterte Story wurde um die das Publikum in die Kinos ziehende Musik und ihre Stars drapiert. Allein Bill Haleys *Rock Around the Clock* ist in 22 weiteren Spielfilmen eingesetzt worden, angefangen bei *Rock Around the Clock* (dt. *Außer Rand und Band*, 1956), in dem neben Bill Haley und seinen Comets auch Alan Freed mitwirkte. Elvis Presley, der nie außerhalb der USA aufgetreten ist, stand insgesamt 33-mal vor der Kamera. Dass aus den Kinos immer wieder von Tumulten berichtet wurde, die sich freilich zumeist auf das (unerwünschte) Tanzen zwischen Sitzreihen beschränkten, heizte den Rummel um den Rock'n'Roll noch erheblich an. Als es in Deutschland während des Gastspiels von Bill Haley und seiner Band im Oktober 1958 im Berliner Sportpalast zu schweren Ausschreitungen kam, wurde der Rock'n'Roll für den Ausdruck einer Jugendrevolte gehalten. Allerdings hatten die Krawalle hauptsächlich mit der ebenso dreisten wie dilettantischen Tourneeorganisation des deutschen Veranstalters zu tun, der den Bill-Haley-Fans bis zur Pause das Orchester Kurt Edelhagen und den Schlagersänger Bill Ramsey vorsetzte.

Da die Tonträgermärkte damals noch national organisiert waren, sahen die angestammten Plattenfirmen in England wie auch in den anderen europäischen Ländern die Konkurrenz aus Übersee durchaus mit gemischten Gefühlen. In England erschienen die meisten Rock'n'Roll-Platten bei dem kleinen Label London Records, das nach der Trennung der gleichnamigen amerikanischen Tochterfirma von der britischen Decca Records die amerikanischen Decca-Produktionen sowie die ihrer Partner in Europa in Lizenz vertrieb. Darunter waren die wichtigsten Rock'n'Roll-Labels wie Imperial, Chess, Dot, Atlantic, Specialty und Sun Records. Ebenfalls aus lizenzrechtlichen Gründen erschien Elvis Presley in England auf dem EMI-Label HMV Records, in Deutschland auf Teldec, einem joint venture der AEG-Tochter Telefunken Schallplatten GmbH mit der britischen Decca, die sich über ein Vertriebsabkommen mit RCA Records die Rechte für deren Produktion außerhalb Englands und den USA gesichert hatte. Die europäische Tonträgerindustrie partizipierte formal nur als Juniorpartner der US-Firmen an dem großen Profit, der sich mit der Rock'n'Roll-Begeisterung Jugendlicher und der Entstehung eines altersspezifischen Jugendmarktes auftat. Daher begann die Suche nach der jeweiligen nationalen «Antwort auf Elvis». In England mühten sich die EMI mit Cliff Richard und Decca mit Tommy Steele ab, in Deutschland Polydor mit Peter Kraus und in Frankreich Vogue mit Johnny Hallyday, der eigentlich Jean-Philippe Smet hieß. Obwohl nicht ohne Erfolg, vermochten die viel zu sehr den europäischen Wurzeln professioneller Unterhaltungsmusik verhafteten Versuche dem amerikanischen Rock'n'Roll nicht wirklich etwas entgegenzusetzen. Nur war der damals kaum zu hören. Zwar unternahm Buddy Holly 1958 eine vielbeachtete

Tournee durch England, ansonsten aber fanden Gastspiele selten und dann nur in den Metropolen statt. Der Rundfunk andererseits sah sein Kernpublikum noch immer in den bildungsbeflissenen Mittelschichten. Einzige Ausnahme war das Mitte 1957 in mehreren Sprachen gestartete Programm von Radio Luxemburg. Der Sender, der über eine Mittelwellenfrequenz mit recht großer Reichweite betrieben wurde, hatte Kultstatus, denn hier wurde amerikanischer Rock'n'Roll ungefiltert gespielt.

In England ersetzten die Skifflegruppen angesichts der Rock'n'Roll-Begeisterung das Washboard durch das Schlagzeug und den Seifenkistenbass durch den E-Bass, benannten sich um und begannen in der Besetzung mit drei Gitarren und Schlagzeug, die Musik, an die so schwer heranzukommen war, nachzuspielen. So wurden aus der Blue Genes Skiffle Group die Swinging Blue Jeans. Die Alan Caldwell Skiffle Group mutierte zunächst zu Rory Storm and the Raving Texans und dann zu Rory Storm and the Hurricanes, eine Rock'n'Roll-Coverband, die noch vor den Beatles durch die Klubs an Hamburgs Reeperbahn tourte. Am Schlagzeug saß Ringo Starr, bis er im Sommer 1962 zu den Beatles wechselte. Die 1955 von dem damals 15-jährigen John Lennon als Schülerband an der Liverpooler Quarry Bank Grammar School gegründete Skifflegruppe The Quarrymen hatte sich zunächst in The Silver Beatles und 1960 schließlich in The Beatles umbenannt. Aus der Gerry Marsden Skiffle Group wurde Gerry & The Pacemakers, die sich ihren Manager Brian Epstein mit den Beatles teilten und anfangs deren größte Rivalen waren. Ihre ersten drei Singles schafften es auf Anhieb auf Platz 1 der britischen Hitlisten, die erste Single der Beatles brachte es dagegen nur auf Platz 17.

Gespielt wurden die amerikanischen Originale auf eine Weise, die den jugendlichen Amateurmusikern als die Substanz des Rock'n'Roll erschien: laut und rhythmusbetont. Durch Hervorhebung des metrischen Grundschlags mit einem starken Gegenakzent auf den eigentlich unbetonten Takteilen entstand ein intensiver Rhythmus, der zwar wenig mit der in afroamerikanischer Musik verwurzelten Rhythmik des Rock'n'Roll zu tun, aber die gleiche Wirkung hatte. Das allgemein verbreitete

Gruppensingen erleichterte den Umgang mit den musikalisch nicht immer ganz einfachen Vorlagen, da sich die Stimmen gegenseitig stützten. Die Songs der zahlreichen Vocal Groups, die als Doo Wop in den USA Bestandteil des Rock'n'Roll waren, fanden sich daher auch überproportional häufig im Repertoire. Ohnehin galt umstandslos alles als Rock'n'Roll, was aus den USA kam und in dieser rhythmusbetonten Manier mit drei Gitarren und Schlagzeug spielbar war. Colin Fletcher, ehemaliges Mitglied der Tremeloes, erinnerte sich in einem Bericht, den er 1964 für das Magazin *New Society* schrieb, wie es zu der hierfür charakteristischen Spielweise kam: «Eines Abends gingen die Tremeloes in einen Liverpooler Klub, um eine neue und schon populäre Gruppe zu hören. Wir spielten damals eine Kombination aus Rock'n'Roll und Rhythm & Blues mit einem schweren, stampfenden Bass. Wir bemerkten, dass die Gruppe auf der Bühne weniger laut, aber mit weit mehr Druck spielte. Es dauerte nicht lange, bis wir die Bassbox entdeckten, mit einem Verstärker, ungefähr sechs Fuß hoch mit zwei mächtigen Lautsprechern darin. Uns war klar, dass wir auch einen solchen Sarg haben mussten. Zwei Wochen später hatten wir so ein Ding und fingen an damit zu experimentieren. Jetzt war es so, dass selbst bei ruhigen Stellen der Bass gewaltig dröhnte. Wie von selbst passte sich nach und nach die Gruppe an und spielte analog zum Bass akzentuiert auf dem Grundschlag. Anderen war es zuvor auch schon so gegangen wie den Tremeloes, sodass in nicht mal ganz einem Jahr diese Spielweise Standardpraxis an der Merseyside wurde. Nachdem nun alle auf dem Grundschlag spielten, machte es der Schlagzeuger auch so, die gesamte Band stampfte und grölte auf dem Beat. Es schien uns so, als wäre unsere Musik wie auch die von anderen, um die Bassnoten herum aufgebaut.» (Fletcher: 22) Für diese Spielweise bürgerte sich der treffende Begriff «Beat Music» ein, der auf die vergeblichen Versuche der britischen Musikindustrie Bezug nahm, eine «Antwort auf Elvis» zu finden. Die entsprechenden Produktionen wurden als «Big Beat Music» vermarktet, um sie nicht Rock'n'Roll nennen zu müssen. Ganz ohne Zutun der Konsumindustrie war hier eine Musik entstanden, mit einem Beat viel «bigger», als sich das die Musikprofis damals vorstellen konnten. Einen nicht unwesentlichen Anteil daran hatten die Gitarrenverstärker AC30 von der britischen Firma Vox, die, eingebaut in etwa fernsehgerätgroße Lautsprecherboxen, 1960 auf den Markt kamen. Da sie zur Übersteuerung neigten, lieferten sie einen «lärmenden», leicht verzerrten Sound, der allerdings ein sehr druckvolles Spiel ermöglichte.

Schwerpunkt dieser Entwicklung war das Merseyside genannte Industriegebiet entlang des Mersey River im Nordwesten Englands mit Liverpool als Zentrum. Unter den etwa 350 Mersey-Beat-Gruppen, die wie Cass and the Casanovas, Freddie Starr and the Midnighters, Billy J. Kramer and the Dakotas, Kingsize Taylor and the Dominoes oder Ian and The Zodiacs in den Jahren 1961 bis 1964 insgesamt etwa 200 Singles veröffentlichten, konnten sich damals neben den Beatles allerdings nur Gerry & The Pacemakers (*How Do You Like It*, 1962), die Swinging Blue Jeans (*Hippy Hippy Shake*, 1963), Rory Storm and the Hurricanes (*Dr. Feelgood*, 1963) und dann vor allem die Searchers (*Needles and Pins*, 1963) mit überregionalem Erfolg behaupten. Aber auch aus anderen Regionen drängten nun jugendliche Bands in die Öffentlichkeit wie die Animals aus Newcastle-upon-Tyne, die Spencer Davis Group und Moody Blues aus Birmingham oder die Rolling Stones, The Who und The Kinks aus London.

Wirklich durchgesetzt, zunächst national, dann international, haben die Beat Music ab 1963 aber die Beatles, obwohl noch ihr *Please Please Me* (1963) in einer nachgespielten Fassung von Gerry & The Pacemakers populärer war als das Original. Doch die Beatles gehörten zu den Ersten, die sich von den amerikanischen Rock'n'Roll- und Rhythm & Blues-Vorbildern lösten und nach eigenen Wegen suchten. Ihr im Mai 1963 erschienenes Debüt-Album *Please Please Me* enthielt neben sechs übernommenen bereits acht eigene Titel, denen dann Songs wie *She Loves You* (1963), *I Want to Hold Your Hand* (1963), *A Hard Day's Night* (1964), *Eight Days a Week* (1964) und *Help!* (1965) folgten. Die Rolling Stones, die sich als Gegenpol zu den Beatles profilierten, blieben der Rhythm & Blues-Tradition noch lange verpflichtet, wobei aber auch sie mit Titeln wie *The*

*Last Time* (1964) und vor allem *(I Can't Get No) Satisfaction* (1965) schon damals zu einer eigenständigen, nervös-aggressiven Spielweise fanden, die im Gestus des Exzessiven auf Schock und Bürgerschreck angelegt war. Aufgenommen wurde das Lied in den RCA Studios in Hollywood von dem Toningenieur Dave Hassinger. Es war zwei Tage zuvor aber schon einmal in einer anderen, dann verworfenen Version in den Chicagoer Chess Studios eingespielt worden, betreut von Ron Malo als Ingenieur, der in Chicago mit allen Blues-Größen gearbeitet hatte. 1964 zeichnete er auch für die Aufnahme von *It's All Over Now*, *I Can't Be Satisfied* und *Time Is On My Side* verantwortlich, mit denen die Band ihre Karriere begann. Dass die Rolling Stones mit Ausnahme ihres Debütalbums in den wesentlich besser ausgestatteten und traditionsreichen US-Studios mit dem Know-how von Toningenieuren wie Hassinger oder Malo produzierten, hat ihrem Sound jene besondere Prägung gegeben, die sie berühmt gemacht hat.

Doch auch das war *business as usual*. Die Bands eroberten die Bühnen und Studios wie vor ihnen schon Generationen von Musikern. Mit einem entscheidenden Unterschied freilich: Es waren Amateure, die der großen Zahl von Berufsmusikern nun Paroli boten. Ihnen fehlte jede formelle Ausbildung zum Musizieren und ihre Musik lehnten die an suppige Big-Band-Arrangements gewöhnten Profis vehement ab. Die Musikergewerkschaften liefen dagegen Sturm, doch die Plattenfirmen und Veranstalter kümmerte das wenig, zumal die jugendlichen Bands einen zusätzlichen Markt auftaten, der das Unterhaltungsgeschäft in seiner bisherigen Form nur wenig berührte. Und auch die jungen Musiker selbst wollten am eingespielten Gang der Dinge gewiss nichts ändern. Warum auch? Ihren ebenso überraschenden wie gewaltigen Erfolg verdankten sie gerade der Tatsache, dass die Welt war, wie sie war. Und doch vollzog sich gleichsam hinter dem Rücken aller Beteiligten ein tiefgreifender Wandel, der sich in einer Verschiebung der internen Parameter des Musizierens ankündigte. An den Songs der Beatles ist das deutlich ablesbar; deshalb wohl auch das außergewöhnliche Echo ihrer Musik.

Genauer betrachtet, repräsentiert die britische Beatmusik

nämlich nicht nur den Beginn von Strukturveränderungen innerhalb der Musikindustrie, in deren Folge die Popmusik den Händen einer kleinen Gruppe professioneller Songschreiber entrissen wurde, sondern den Beginn eines neuartigen Paradigmas des Musizierens, das den populären Musikformen völlig neue Dimensionen eröffnete. Dass hier nicht mehr ein einzelner Sänger, sondern die Gruppe als Ganzes den Identifikationsbezug fürs Publikum herstellte, durchbrach die der Popmusik traditionell zugrunde liegenden Kommunikationsmuster. Was sich beim Rock'n'Roll noch unter der Oberfläche vollzogen hatte – von außen gesehen schien er dem herkömmlichen Popsong ja analog, nur eben in einem anderen musikalischen Gewand: wilder, rauer, intensiver –, begann nun die Grenzen der traditionellen Popmusik zu überwinden. Schon der erste große Erfolg der Beatles, *She Loves You* – bis heute ihre meistverkaufte Single –, ist oberflächlich betrachtet zwar ein eher konventioneller Song. Der floskelhafte Text und die schlichte Stufenmelodik sind in ihrem stereotypen Ablauf alles andere als originell, auch wenn sie sich von dem, was man damals in den Studios mit aufwendigen Orchesterarrangements und ausgeklügelten Klangeffekten an musikalischer «Unterhaltungskunst» produzierte, deutlich abhoben. Was den Song mit all seiner provokant hervorgekehrten Banalität trotzdem von einer bloßen Schlagerparodie unterschied, ist ein verändertes Skript. Hinter dem «*She loves you, yeah, yeah, yeah*» stand nicht mehr das stilisierte Rollenspiel des vom Interpreten verkörperten schmachtenden Liebhabers, der das Publikum mit einer kalkulierten Geste des «*especially for you*» direkt adressiert. Von mehreren gesungen machte das keinen Sinn mehr. Der Text steht, für einen Popsong damals höchst ungewöhnlich, wie die Texte der meisten Beatles-Songs in der dritten Person. Die Lieder entbehrten damit jener Theatralik, die dem traditionellen Popsong aus seiner Verwurzelung in der musikalischen Bühnenunterhaltung des 19. Jahrhunderts, der Operette, der Music Hall, später dem Tonfilm, zugewachsen war. Und das verschob zwangsläufig auch die ästhetischen Koordinaten der Musik, die nicht mehr als Chiffre der im Sänger personifizierten Emotionen verstanden werden konnte.

Die Vorstellung, nach der ein Popsong wie ein Zwiegespräch des Sängers mit seinem Publikum aufgebaut sei, zerbrach hier endgültig. Hinter den Beatles-Songs stand nicht mehr ein romantisiertes «Ich», sondern, nunmehr auch sichtbar, ein kollektives «Wir»; und das hob die Musik aus einem Kommunikationsmuster heraus, in dem sie als Klangzeichen individueller Gefühle aufgefasst werden konnte. Stattdessen dominierte die rhythmische Organisation über alle anderen strukturellen Faktoren der Musik. Selbst der Vokalpart hat eigentlich gar keine eigenständige melodische Gestalt, sondern fungiert als ein Element im rhythmisch aufgebauten Gesamtzusammenhang. Das Hören ist von einem rhythmisch organisierten Bewegungsablauf koordiniert, der in seiner manischen Gleichförmigkeit voller Intensität *ist*, statt diese nur nach konventionellen Regeln musikalisch abzubilden. Die Songs werden hier nicht mehr in ihrem Bedeutungsgehalt, ihrem «Inhalt», sondern vielmehr in ihrem Bewegungsgehalt wahrgenommen; sie werden nicht bloß gehört, sondern mit dem ganzen Körper erschlossen. Es ist daher nur konsequent, dass sich im Verlauf dieser Entwicklung der Schwerpunkt immer mehr auf die im Klangdesign, im Sound verankerte klangsinnliche Unmittelbarkeit verschob, die durch Lautstärke bis zur Berührungssuggestion gesteigert werden konnte.

All das hatte sich im amerikanischen Rock'n'Roll bereits abgezeichnet, zumal die Ästhetik der afroamerikanischen Musik eine wesentliche Grundlage für diese so ganz andere Konzeption des Musizierens geliefert hat. Nur blieb dieses in den ästhetischen Rahmen des konventionellen Popsongs eingespannt, was Titel wie Elvis Presleys *Love Me Tender* (1956), eine romantische Ballade, die nicht von ungefähr zu einer seiner bekanntesten Produktionen geworden ist, eindrücklich zeigen. In Großbritannien hat das unbekümmerte Nachspiel der US-Produktionen durch jugendliche Amateure diese auf ihre musikalische Essenz hin eingedampft. Und diese Essenz haben Gruppen wie die Beatles schließlich mit einem melodisch-klanglichen Gewand versehen, das mit den Grundmustern des musikalischen Showgeschäfts kompatibel blieb, ohne diese einfach zu bedienen. Nachdenkliche Zeitgenossen stellten sich bezüglich der jugendlichen Bands und ihres Publikums schon damals völlig zurecht die Frage: »Sind sie Revolutionäre oder Konformisten; ahnungslose Opfer einer raffinierten Freizeitindustrie, die es auf den kläglichen Rest der Freiheit, die dieses Zeitalter einmal versprach, die Freizeit, abgesehen hat; Verlorene im geplanten Dschungel des Showbusiness, oder augenzwinkernde Eulenspiegel, die in den Rissen und Spalten eines brüchigen Systems leben, das so monolithisch fest gefügt nicht ist, wie es sich ausnimmt?» (Seuss: o. Pag.) Sie waren beides.

## 3. Eine Revolution, die schnell verging – Progressive Rock

27. Dezember 1971: Auf dem Schreibtisch von J. Edgar Hoover, Direktor des Federal Bureau of Investigation (FBI), landet ein Funktelegramm. Absender: «Leitender Spezialagent, Detroit». Betreffend: «Aktivitäten eines John Winston Lennon auf Veranstaltung von Radikalen in Ann Arbor». Inhalt: «Quelle informierte darüber, dass Lennon früher einer Gruppe angehörte, die als die Beatles bekannt waren. Quelle informierte weiter darüber, dass Lennon ein ‹John Sinclair› betiteltes Lied geschrieben habe, das er auf der Kundgebung auch gesungen hat. Das Lied sei eigens für diese Veranstaltung geschrieben worden ...» Der Rest des Textes ist unkenntlich gemacht (Wiener 1984: XV). John Sinclair, politischer Aktivist, ehemaliger Manager der Rockband MC5 und Führer der White Panther Party, war 1969 wegen des Besitzes von Marihuana zu einer zehnjährigen Haftstrafe verurteilt worden. Drei Tage nach jener denkwürdigen «Veranstaltung von Radikalen» – ein Solidaritätskonzert mit einer Reihe prominenter Künstler in der Crisler Arena von Ann Arbor – befand der Michigan Supreme Court die Antidrogengesetze für verfassungswidrig und hob das Urteil gegen John Sinclair auf. Nun hätte der FBI-Chef die von jener geheimnisvollen «Quelle» stammenden Informationen über den Auftritt Len-

nons auf der *Free John Now Rally* am 10. Dezember 1971 freilich auch schon gut zwei Wochen früher jeder größeren Zeitung entnehmen können. Doch wozu hat das FBI schließlich seine Agenten? Es sollte ein ebenso skurriler wie beispielloser Vorgang folgen.

Am 15. Februar 1972 sandte Hoover an die FBI-Büros in New York, Los Angeles, San Diego und Washington die Instruktion, Lennon systematisch zu überwachen, «auf beschleunigter Grundlage und durch ausgewiesene, erfahrene Agenten» (Wiener 1984: XVI). Annähernd 40 Kilo Aktenmaterial hat das FBI bis zu Lennons Tod im Dezember 1980 über ihn zusammengetragen, hauptsächlich Überwachungsberichte, aber auch eine umfangreiche Sammlung seiner Songtexte sowie eine größere Zahl von Fotos. Zwei Drittel dieser Akten wurden noch bis 1997 «im Interesse der nationalen Verteidigung sowie der Außenpolitik der USA» zurückgehalten, da bei ihrer Freigabe «eine ernsthafte Gefährdung der nationalen Sicherheit der USA» nicht ausgeschlossen werden könne – so die offizielle Begründung (Wiener 1999: 18). Erst nach einem 14-jährigen Rechtsstreit auf der Basis des Freedom of Information Act hob schließlich der Oberste Gerichtshof der USA mit Ausnahme einiger weniger Blätter die Sperre auf. Wie kann ein Rockmusiker zum Sicherheitsrisiko für eine Weltmacht werden? Besaß Rockmusik wirklich eine derart subversive Kraft, dass Regierungen um den Fortbestand des Staates und die Aufrechterhaltung der gesellschaftlichen Ordnung fürchten mussten?

Das FBI hatte schon Elvis Presley als «eine definitive Gefahr für die Sicherheit der Vereinigten Staaten» im Fadenkreuz, da er die «Moral der amerikanischen Jugend untergräbt». Auf über 700 Seiten Informantenberichten wurde ab 1956 Presleys privates Umfeld penibel dokumentiert. Eine geradezu schreiende Ironie der Geschichte ist es, dass im Dezember 1970 ausgerechnet Presley das FBI-Hauptquartier in Washington besuchte und sich dem FBI-Chef mit der Begründung als informeller Mitarbeiter anzudienen suchte, dass «die Beatles mit ihrem ungepflegten Erscheinungsbild und ihrer anzüglichen Musik die Ursache für viele der Probleme sind, die es mit der Jugend in den USA gibt» – in diesen Worten fasst jedenfalls das FBI-Memo über Presleys Besuch sein Ansinnen zusammen (Redfern: 102). Hoover hatte sich übrigens im Unterschied zu Präsident Nixon, durch dessen Vermittlung der Besuch stattfand, geweigert, den «King of Rock'n'Roll» persönlich zu empfangen.

An Umfang und Dauer ist die Beschäftigung des FBI mit Lennon bis heute unübertroffen, obwohl von Jimi Hendrix bis Bono eine ganze Reihe von Musikern ihre Spuren in den Aktenbergen der amerikanischen Ermittlungsbehörde hinterlassen haben. Doch Lennon hatte sich nicht nur mit seinem Engagement in der Antivietnamkriegsbewegung bei den US-Behörden mehr als unbeliebt gemacht, sondern strebte auch noch eine dauerhafte Aufenthaltsgenehmigung an, was die US-Regierung mit allen Mitteln zu verhindern suchte. Schon im März 1971 war John Lennons *Power to the People* erschienen, ein für einen Rockmusiker mehr als ungewöhnliches politisches Statement in Songform. Das Lied befand sich gerade auf dem Gipfel seiner Popularität, als im Mai 1971 die Bewegung gegen den Vietnamkrieg mit einer Demonstration unter dem Motto «Stop the War or We'll Stop the Government» ihren Höhepunkt erreichte. Die Demonstranten hatten *Power to the People* ebenso auf den Lippen, wie sie den Refrain des 1969 entstandenen *Give Peace a Chance* – «All we are saying is give peace a chance ...» – in einen provozierenden Slogan verwandelten: «All we are saying is get Nixon's ass».

Wer hätte nur wenige Jahre zuvor gedacht, dass ein Musiker, der als Mitglied der Beatles einmal den blasphemischen Satz «Wir sind jetzt populärer als Jesus» äußerte und dessen Reichtum ihn aller irdischen Probleme enthob, von Dingen bewegt sein könnte, die an den Grundfesten des ihn tragenden Systems rüttelten? Doch nicht nur in John Lennon war zu dieser Zeit ein bemerkenswerter Wandel vor sich gegangen.

Erreichten früher explizit politische Songs allenfalls die kleine Schar der ohnehin schon Bekehrten, so erwies sich *Power to the People* als ein massiver Single-Hit, schließlich sogar als einer der größten kommerziellen Erfolge in Lennons Solokarriere. Und das, obwohl dieser musikalisch schnörkellose und spröde, von Phil Spector produzierte Song tatsächlich nach Art eines Straßen- oder Marschliedes eingespielt ist, bar aller ins Ohr gehender Effekte. Die Single verkaufte sich mehrere Millionen Mal und übertraf damit selbst das viel weniger offensive *Give Peace a Chance*, das nur in sehr allgemeiner Form an den Friedenswillen appellierte. Auch das Publikum akzeptierte also nun Rockmusik als ein politisches Medium. Das Attribut «progressiv» bestimmte jetzt als politisch-ästhetische Wertkategorie die Musik-Rezeption. «Progressive Rockmusik», was immer im Einzelnen auch darunter verstanden wurde, galt nun für Musiker und Fans ebenso wie für den Rock-Journalismus als Inbegriff der Rockkultur. Mit Vehemenz wurde über das politische Potenzial der Rockmusik gestritten.

Es scheint ein weiter Weg von dem nonkonformistischen Nonsens des *She Loves You* (1964) bis zu *Give Peace a Chance* (1969) oder *Power to the People* (1971) zu sein, und doch lagen nur wenige Jahre dazwischen. In dieser Zeit hat sich vor allem die junge Generation politisiert. Ein wesentlicher Auslöser dafür war der Vietnamkrieg. Als es im August 1964 zu den ersten kriegerischen Auseinandersetzungen zwischen Nordvietnam und den USA im Golf von Tonkin kam, absolvierten die Beatles gerade ihre erste USA-Tournee. Durch eine Medienmaschinerie wie noch nie zuvor aus einem solchen Anlass – selbst die Zeitansagen hatte eine Reihe von Radiosendern synchron mit jedem Schritt des Quartetts aus Liverpool auf «Beatles-Zeit» eingestellt – wurde die Beatlemania angeheizt und überdeckte die immer fataler werdenden Nachrichten aus Südostasien. Aus diesem zufälligen Zusammentreffen zweier Ereignisse, die eigentlich nichts miteinander zu tun hatten, sollte schon bald eine politisch-kulturelle Massenbewegung ungeahnten Ausmaßes hervorgehen.

Den Zündfunken lieferte ein Musiker, der in Duluth, Minnesota, mit dem hebräischen Namen Shabtai Zisel ben Avraham geboren wurde, als Robert Allen Zimmerman aufwuchs, der Welt jedoch als Bob Dylan bekannt ist. Als er 1965 auf dem Höhepunkt seiner Popularität als Protestsänger die Gitarre an einen Verstärker anschloss und sich während eines Auftritts auf dem Newport Folk Festival von einer Rockband, der Paul Butterfield

Blues Band, begleiten ließ, sollte sich das als der entscheidende Anstoß für das Verschmelzen der politischen Folk- und Protestsongbewegung mit der auch in den USA heimisch gewordenen Musik der britischen Beatgruppen erweisen. Wegen der unüberhörbaren musikalischen Verwandtschaft mit dem Rock'n'Roll hieß das in den USA dann Rockmusik. Die Folk- und Protestsongbewegung, zu deren prominentesten Repräsentanten Dylan neben Joan Baez und Pete Seeger damals gehörte, war ein Produkt der Bürgerrechtsbewegung und hatte nicht nur dem traditionellen Lied zu einer politischen Funktion verholfen, sondern auch der afroamerikanischen Musik eine neue Öffentlichkeit verschafft. Sam Cookes *A Change Is Gonna Come*, erschienen 1965 posthum nach seinem gewaltsamen Tod im Dezember 1964, war der Auftakt für eine Entwicklung, die 1968 in James Browns *Say It Loud – I'm Black and I'm Proud* kulminierte. Sie gab der afroamerikanischen Bevölkerungsminderheit im Kampf um ihre Rechte ein neues Selbstbewusstsein und wurde von der Öffentlichkeit ganz anders wahrgenommen als die afroamerikanische Musik der Jahre zuvor. Dass es hier um mehr und anderes ging als ein möglichst hemmungsloses Tanzvergnügen, war unüberhörbar. Vor allem die studentische Jugend aus den weißen amerikanischen Mittelschichten identifizierte sich mit der Soulmusik, die das Erbe des Rhythm & Blues angetreten hatte.

Der jugendrelevante Teil der Popmusik stand 1965 in einem politisch aufgeladenen Kontext, der diese Musik von Grund auf veränderte. Nicht zuletzt unter dem Einfluss von Dylans nachdenklichen Texten wurde die Popmusik nun reflektierter, ernster und politischer. Mit *Like a Rolling Stone* hatte er 1965 wie kein anderer Rockmusik zu einer Kunstform gemacht, in der sich Subjektivität, Privatheit, Politik und Öffentlichkeit auf eine einzigartige Weise vermischten. Das gab Gruppen Raum, die wie die Rolling Stones mit dem Image des blödelnden Youngsters nichts zu tun hatten, sondern 1965 unverblümt ihr *I can't get no satisfaction* in einem rauen, E-Gitarre-geprägten R&B-Gewand herausschrien. Zur gleichen Zeit trieben The Who mit ihrem Song *My Generation* in dem stotternd gesungenen Refrain das Debilen-Image der Beatmusik-Anhänger, das ihnen

Teile der Presse im Zusammenhang mit der Beatlemania zugeschrieben hatten, auf die Spitze und wendeten es mit der bösen Sentenz «*hope I die before I get old*» gegen seine erwachsenen Urheber. Dabei zertrümmerten sie regelmäßig ihr Equipment auf der Bühne. Zögerlich entwickelte sich so unter dem Motto «Trau keinem über dreißig» eine Protesthaltung, die zunächst noch eher diffus gegen das Establishment schlechthin gerichtet war, sich dann aber im Kontext der Antivietnamkriegsbewegung einerseits und der amerikanischen Bürgerrechtsbewegung andererseits zu einer regelrechten Protestkultur auswuchs. Aus ihr gingen alternative Wertorientierungen und Sinnansprüche hervor, die alle Künste betrafen und eine umfassende Suche nach dafür angemessenen, neuen Ausdrucksformen initiierten. Es entwickelten sich neuartige Veranstaltungs-, Rundfunk- und Printformate, die über die bloße Bewirtschaftung des Jugendmarktes weit hinausgingen. Das 1961 in den USA gestartete UKW-Radio offerierte im Ringen um Einschaltquoten ab Mitte der 1960er Jahre Konzepte, die sich vom Abspiel der wöchentlichen Single-Hits nach einem senderspezifischen Rotationsverfahren verabschiedeten und stattdessen in großflächigeren Programmstrukturen Sendezeiten für neue Musikformen ohne die Dreieinhalb-Minuten-Grenze der Single bereitstellten. Bob Dylans *Like a Rolling Stone* war mit über sechs Minuten Länge einer der ersten Hits, der das Single-Format durchbrach. Für die Single-Veröffentlichung wurde er auf beide Seiten verteilt. Doch schon bald war das Albumformat des Long Players auf diesen «progressiven» Rock-Stationen im UKW-Band der Standard, sodass nun ohne Probleme auch Songs wie das 18-minütige *In-A-Gadda-Da-Vida* (1968) der kalifornischen Rockband Iron Butterfly ihren Platz fanden.

Parallel zu dieser Entwicklung startete im Februar 1966 in Philadelphia die Zeitschrift *Crawdaddy!*, benannt nach dem legendären Crawdaddy Club in Richmond, in dem die Rolling Stones ihre Karriere begonnen hatten. Es war das erste Magazin, das sich mit Plattenrezensionen und Essays intensiv um eine inhaltliche Auseinandersetzung mit der Rockmusik bemühte. 1967 folgte das noch heute existierende und inzwischen auch in deutscher Sprache erscheinende Rock-Magazin *Rolling Stone*. Das Titelblatt der ersten Ausgabe zierte John Lennon in Soldatenuniform, entnommen dem britischen Antikriegsfilm *How I Won the War* (Regie: Richard Lester, 1967), in dem er die Hauptrolle spielte. Das Magazin, herausgegeben von Jann Wenner, Aktivist des Free Speech Movement, und Ralph J. Gleason, einem damals schon 50-jährigen einflussreichen Musikkritiker, hatte sich die Triade Musik, Jugendkultur und Politik auf die Fahnen geschrieben und lotete die gesellschaftspolitischen Dimensionen der Musikentwicklung aus. Musik war die Projektionsfläche der relevanten Zeitströmungen, bezogen auf die Songs wurden nun Themen verhandelt, die kurz vorher auch die kühnsten Visionäre nicht mit dem neuen Teenagerkult in Zusammenhang gebracht hätten. Aus dem pubertären Geschrei kreischender Teenies war der «Sound der amerikanischen Kulturrevolution» (Eisen 1969) geworden, im Wortsinn die Stimme einer Generation, die in der Musik die Erfahrung gemeinsamer Werte und Sinnkonstruktionen suchte.

Nahezu alle prominenten Musiker und Bands haben in den Jahren von 1967 bis 1969 an dieser Entwicklung teilgenommen. Die Beatles veröffentlichten 1968 als B-Seite ihrer Single *Hey Jude* den Song *Revolution*, das hastige Remake eines einige Wochen zuvor für das Album *The Beatles* aufgenommenen und bereits abgemischten Songs. Die Rolling Stones steuerten im gleichen Monat *Street Fighting Man* bei, eine Vorab-Veröffentlichung aus ihrem Album *Beggars Banquet* (1968). Das Cover der Single, die in Europa erst zwei Jahre später erschien, zeigt eine Straßenkampfszene zwischen Demonstranten und schwer bewaffneter Polizei. Der Song hieß ursprünglich *Did Everybody Pay Their Dues?* und handelte von einem Indianer und seiner Familie. So findet er sich in nahezu identischer musikalischer Gestalt auf einigen illegalen Mitschnitten (Bootlegs) von Live-Auftritten der Stones. Mick Jagger schrieb den Text nach eigenem Zeugnis angeregt durch den Studentenführer und Vordenker der Neuen Linken, Tariq Ali, für die Vorab-Veröffentlichung der Single um. Country Joe and the Fish, die zu den Wegbereitern des Psychedelic Rock gehörten, lieferten mit ihrem *I-Feel-*

*Like-I'm-Fixin'-To-Die Rag* 1967 der Antivietnamkriegsbewegung einen der populärsten Protestsongs. Und auf dem Debüt-Album der MC5, *Kick Out the Jams* (1969), einem Live-Mitschnitt, verkündet Sänger Rob Tyner: «I wanna hear some Revolution out there, brothers. Brothers and sisters, the time has come for each and every of you to decide whether you gonna be the problem or whether you gonna be the solution. You must choose.»

Der neuartige politisch motivierte Umgang mit Popmusik führte zu innovativen Veranstaltungsformen und Präsentationsweisen von Musik. Das beliebte Wort von der «Head»-Musik meinte Musik, die mehr sein wollte als stimulierende Klangkulisse zum Abtanzen. 1966 begannen Chet Helms im Avalon Ballroom von San Francisco und Bill Graham im dortigen Fillmore Auditorium mit der Produktion von Konzerten, die die Rockmusik ins Zentrum einer bewusstseinserweiternden Erfahrung aus Klang, Licht und Drogen stellten und die Stadt an der amerikanischen Westküste zum Mekka der Jugendkultur machten. Ihre Inspiration war eine populär gewordene These des in San Diego lehrenden deutschen Philosophen Herbert Marcuse, nach der die Menschen zunächst sich selbst und ihr Bewusstsein verändern müssen, wollen sie die Gesellschaft verändern. Die Klang- und Lichtcollagen im Avalon Ballroom und Fillmore Auditorium ebneten einer Gegenkultur den Weg, die von der Hippiebewegung getragen wurde. Aus deren Reihen rekrutierten sich Bands wie Grateful Dead, Big Brother and the Holding Company mit Janis Joplin als Leadsängerin oder Jefferson Airplane, die sich nicht mehr an vergnügungssüchtige Teenager richteten, sondern ihr Publikum bei Lebenssinn suchenden Studenten fanden. Die Grenzen zwischen der Veranstaltung von Musik als einer auf Kontemplation und Sinn angelegten Kunstform und einem Spaß-Event zu Tanz und Unterhaltung verschwanden buchstäblich im Nebel der bewusstseinserweiternden Substanzen. Was mit dem Rock'n'Roll einmal auf dem Tanzboden begonnen hatte, artikulierte sich nun mit einem Kunstanspruch, der in nie zuvor gehörte Klanggefilde führte.

Auch hier waren es die Beatles, die mit ihrem ambitionierten

Album *Sgt. Pepper's Lonely Hearts Club Band* 1967 die Richtung wiesen. Das Album hat Geschichte gemacht, da es jenen Wendepunkt markiert, an dem die Popmusik sich musikalisch von den Fesseln einer Gebrauchsmusik zum Tanzen löste und als eigenständiges ästhetisches Objekt wahrgenommen wurde. Es war zwar nicht das erste Konzeptalbum, aber das erste Album, das durch fantasievolle Nutzung der Aufnahmetechnik eine Klangwelt entfaltete, die nicht mehr von den Möglichkeiten der Spieltechnik am Instrument oder den Grenzen der Singstimme definiert war. Sieht man von den thematischen Zusammenstellungen von Songs auf einem Album einmal ab, was schon bei Frank Sinatra mit seinem 1955 erschienenen *In the Wee Small Hours* zu finden ist, haben als Erste die Beach Boys mit *Pet Sounds* 1966 noch vor den Beatles einen durchgestalteten Song-Zyklus vorgelegt. Dieser entfaltet sich in komplexen, mehrschichtigen Klanggebilden, die unter Einbeziehung sehr ungewöhnlicher Instrumente wie Flöte, Harfe und Theremin produziert wurden. Das Konzept des Beatles-Albums – die Präsentation einer fiktiven Band als alter ego der vier Musiker mittels einer Collage aus Songs – ist im Gegensatz zu *Pet Sounds* nicht einmal besonders konsequent umgesetzt. Zwei Songs, die bereits fertig abgemischt vorlagen – *Strawberry Fields Forever* und *Penny Lane* –, wurden im Februar 1967 für eine zur Veröffentlichung anstehende Single gebraucht und sind deshalb aus dem Zyklus herausgenommen worden. Nach der Aufnahme des Titelsongs und des sich anschließenden *With a Little Help from My Friends* ist dann das Konzept immer mehr in den Hintergrund getreten und, späteren Interviews zufolge, schließlich ganz aufgegeben worden, auch wenn es nach außen aufrechterhalten wurde. Entsprechend bunt präsentiert sich das Album dann auch, von dem nostalgischen *When I'm Sixty-Four* über das Zirkus-Lied *Being for the Benefit of Mr. Kite!* bis zu dem surrealen *A Day in the Life*. Wirklich neu aber war das Klangkonzept, denn bis zu diesem Zeitpunkt definierte sich eine Band durch ihre Besetzung und der daraus resultierende Sound fungierte als ihr Markenzeichen. Alles andere waren ergänzende Klangeffekte für einzelne Titel, in der Regel von Studiomusikern erst nachträglich eingespielt und dann dem fertig aufgenommenen Song hinzugemischt. Das *Sgt. Pepper*-Album dagegen lässt mit einer bis dahin nie gehörten radikalen Konsequenz fantasievoll, experimentell und unter weitgehender Ausschöpfung der aufnahmetechnischen Möglichkeiten eine Klangwelt erstehen, die nicht mehr als eine bandspezifische akustische Signatur den Songs aufgeprägt war, sondern dem Hörer vielmehr Projektionsflächen für das Ingangsetzen seiner eigenen Imagination lieferte. Mit dem *Sgt. Pepper*-Album ist der Schritt in eine virtuelle Klangwelt vollzogen, die außerhalb des Studios nicht mehr reproduzierbar war.

Die Beatles sind auch zuvor schon aus dem Klangkorsett ausgebrochen, das sie sich selber geschaffen hatten, am radikalsten 1965 mit *Yesterday*. Doch obwohl das von einem Streichquartett getragene ungewöhnliche Stück auf einem Beatles-Album, auf *Help!* (1965), enthalten ist, ist es nicht wirklich ein Beatles-Song. Die Paul-McCartney-Komposition war ohne Beteiligung der Band lediglich von ihm selbst und einem professionellen Streichquartett eingespielt worden; den Streichersatz schrieb George Martin. Der mit großem Abstand erfolgreichste Titel des Albums und mit über 3000 Cover-Versionen der am häufigsten nachproduzierte Song in der Popmusikgeschichte überhaupt, erschien als Single in England erst 1976. McCartney erinnerte sich später: «Wir haben *Yesterday* in England als Single nicht herausgebracht, weil es uns schon etwas peinlich war. Schließlich waren wir eine Rock'n'Roll-Band». (Beatles: 175)

Solche Bedenken gab es bei der Produktion des *Sgt. Pepper*-Albums, wo für *A Day in the Life* gleich ein halbes Sinfonieorchester bemüht wurde, nicht mehr. Im Gegenteil: Die Tatsache, dass sich auf dem Album-Cover von Peter Blake, das 61 Konterfeis von berühmten Persönlichkeiten hauptsächlich aus Kunst und Kultur um die zu ihrem alter ego gewordenen Beatles versammelt, auch das von Karlheinz Stockhausen findet (während das von Elvis Presley fehlt), hat zu vielen Spekulationen über eine angebliche engere, gar persönliche Beziehung zu dem deutschen Großmeister der elektronischen Avantgarde Anlass gegeben. Bestätigt und belegt worden ist das nie. Selbst John

Lennons *Revolution Nr. 9*, generiert aus einer elektronisch manipulierten Tonband-Schleife und enthalten auf dem «Weißen Album», hat mit Stockhausens Klang-Ästhetik nicht viel zu tun. Schon gar nicht lässt sich daraus auf eine Kenntnis seiner Werke schließen. Doch allein, dass solche Gerüchte aufkommen konnten und für glaubwürdig gehalten wurden, zeigt, dass sich mit der Veröffentlichung des *Sgt. Pepper*-Albums an der Popmusik Grundlegendes verändert hatte.

Die Titel auf dem Album sind zwar noch der Form des Popsongs verpflichtet, aber der Schwerpunkt ist auf die atmosphärischen Wirkungen von Klang verschoben. Über 700 Stunden Studiozeit und eine mehr als viermonatige Produktionsphase brachen damals alle Rekorde. In den Worten von Produzent George Martin enthält das Album keine Songs mehr, sondern «kleine Filme aus Klang». Rockmusik präsentierte sich hier als eine selbstbewusste zeitgenössische Kunstform, anknüpfend an die Alltagserfahrungen einer Generation, die sich eben keineswegs in «sex and drugs and rock'n'roll» erschöpften. Die Klangexperimente der Beatles eröffneten neue Horizonte, die viele Bands als Herausforderung begriffen. Das Doppelalbum *Ummagumma* (1969) von Pink Floyd enthält Geräuschcollagen, die an die Musique concrète der französischen Komponisten Pierre Schaeffer und Pierre Henry erinnern. Grateful Dead konfrontierten ihre Hörer auf *Aoxomoxoa* (1969) mit komplexen Klanggebilden, die als Inbegriff des Psychedelic Rock gelten und mit einer der ersten 16-Spur-Maschinen, die auf den Markt kamen, erstellt wurden. In der ganz anders gearteten New Yorker Kunstszene führten Velvet Underground, produziert von Andy Warhol und Tom Wilson, Literatur, Musik und bildende Kunst zusammen. Die Songs ihres Debütalbums *The Velvet Underground & Nico* (1967) unterlegten bizarre, der Minimal Music von La Monte Young und Philip Glass entlehnte Tonfolgen, die in eine fahle, von elektronischer Viola und Celesta geprägte Klangwelt hineingestellt sind. Das von Andy Warhol gestaltete Cover des auch als «Bananenalbum» bekannt gewordenen avantgardistischen Projekts enthielt die Darstellung einer Banane, heute erzielt es als Kunstobjekt Rekordpreise unter

Sammlern. Zur gleichen Zeit gründete in England Rolling Stones-Manager Andrew Loog Oldham mit The Nice eine Gruppe, deren Debüt-Album *The Thoughts of Emerlist Davjack* (1967) Zitate aus Werken Dvořáks und Janáčeks enthielt. Auf ihrem zweiten Album *Ars Longa Vita Brevis* (1968) findet sich die Rock-Adaption des Intermezzos aus Sibelius' *Karelia*-Suite und des ersten Satzes von Johann Sebastian Bachs *3. Brandenburgischem Konzert.* Auch wenn solche Versuche, Rock und Klassik zusammenzuführen, wie sie dann vor allem zum Markenzeichen der niederländischen Band Ekseption geworden sind, höchst umstritten blieben, sie galten damals als legitimer Ausdruck des Kunstanspruches, zu dem die Rockmusik gefunden hatte. Gleiches gilt für den Umgang mit großformatigen Werkkonzeptionen wie der Opernform bei The Who mit *Tommy* (1969) und *Quadrophenia* (1973), bei The Kinks mit *Arthur (Or the Decline and Fall of the British Empire)* (1969), für die Experimente mit der Konzertform etwa John Lords und Deep Purples *Concerto for Group and Orchestra* (1969) oder für den Symphonic Rock der britischen Gruppe The Moody Blues, die mit ihrem Konzeptalbum *Days of Future Passed,* eingespielt mit dem London Festival Orchestra, hierfür stilprägend war. Die progressive Rockmusik wurde mit Pink Floyd, Genesis, Yes und Emerson, Lake & Palmer nun selbst zu einer Stilrichtung neben anderen – eine Synthese aus Jazz, Rock und Klassik, zusammengehalten durch den Glauben an ihre eigene Fortschrittlichkeit.

In dem Maße, wie die Popmusik zu einer medienbezogenen Kunstpraxis umdefiniert wurde, zeichneten sich auch die Konturen künftiger Entwicklungslinien und die Ausdifferenzierung in musikalische, regionale oder soziale Subkulturen ab. Nachdem die Beatles mit ihrem *Sgt. Pepper*-Album unter Beweis gestellt hatten, dass Popmusik kreativ, vielgestaltig und zugleich populär sein konnte, öffnete sich das musikalische Terrain nach allen Seiten. Die Innovationen eines so außergewöhnlichen Gitarristen wie Jimi Hendrix, der mit unkonventionellen Spieltechniken und erzwungenen Rückkopplungseffekten seine Gitarre in einen Klanggenerator verwandelte, fanden hier ebenso ihren Platz wie die Jazz-Rock-Fusionen von Chicago und Blood, Sweat & Tears oder die Latin-Rock-Synthese von Carlos Santana. Aus der Blues-Renaissance, die sich in England mit Namen wie Eric Clapton oder John Mayall und in den USA mit einer Wiederentdeckung des Country Blues aus dem Süden des Landes verband, gingen Heavy Metal Bands wie Black Sabbath und Led Zeppelin mit ihren Power Chords in offenen Quinten hervor, die Rock als eine Machtveranstaltung aus Klang zelebrierten. Der Kreativität schienen nun keine Grenzen mehr gesetzt.

Doch der Ausbruch und Aufbruch in eine anders definierte Lebenswelt war von kurzer Dauer, die Revolution schon bald in geordnete Bahnen gelenkt. Mitte der 1970er Jahre stand wieder *business as usual* auf der Tagesordnung, nur das Personal war nicht mehr dasselbe. Oder wie es John Lennon formulierte: «Wir haben das Outfit gewechselt, doch dieselben Bastarde sind an der Macht, dieselben Leute haben die Fäden in der Hand. Es ist alles dasselbe geblieben.» (Wenner: 107) Schon 1970 warb die CBS, Mutterkonzern der Columbia Records, einer der marktführenden Plattenfirmen in den USA, mit dem Slogan «The Revolutionaries are on CBS». Das war bei allem Zynismus nicht einmal ganz unzutreffend, denn der an die Spitze von Columbia Records aufgerückte 35-jährige Clive Davis, seit 1960 als Anwalt in der Rechtsabteilung des Unternehmens tätig, besaß einen ausgeprägten Sinn für die musikalische Avantgarde der Rockkultur, sodass es ihm gelang, eine Reihe der wichtigsten Vertreter der «progressiven Rockmusik» unter Vertrag zu nehmen – allen voran Janis Joplin und Big Brother and the Holding Company.

Die musikalische Diversifizierung in immer neue Genres und Subgenres erwies sich als ein Segen für das Musik-Marketing, denn sie schuf neue Märkte und übersichtlichere Vertriebsstrukturen. Doch der künstlerische und politische Anspruch, der in den bewegten Jahren zwischen 1965 und 1972 mit der Rockmusik in die populäre Kultur Einzug gehalten hatte, war nicht mehr zu tilgen. Der Nihilismus des Punk Rock, der Dekonstruktivismus von Bands wie den kalifornischen Residents und die radikalen Performance-Orgien von Throbbing Gristle oder Einstürzende Neubauten, auch als Industrial Rock bekannt, knüpften ab der zweiten Hälfte der 1970er Jahre dort wieder an, wo die 1960er Jahre musikalisch zu Ende gegangen waren. Die Plattenfirmen mussten sich auf eine Kultur des Widerspruchs einstellen, an der sie zwar partizipieren, die sie aber nicht mehr einfach nur beliefern konnten. Ansonsten war an den Universitäten wieder der Lehrbetrieb eingekehrt. Haight Ashbury, das Zentrum von Gegenkultur und Hippiebewegung in San Francisco, stand als Touristenattraktion im Programm der Reiseveranstalter. Der Vietnamkrieg näherte sich mit dem Pariser Abkommen und einer empfindlichen Niederlage der USA im Januar 1973 dem Ende. Das Weltwährungssystem mit seinen festen Wechselkursen auf der Basis des Vertrages von Bretton Woods brach 1973 zusammen; die entfesselten Finanzmärkte lösten einen Prozess aus, der schon bald unter dem Schlagwort «Globalisierung» verhandelt wurde. Die Welt war also nicht viel anders geworden nach dem großen Aufbruch vom Ende der 1960er Jahre. Sie war aber auch nicht dieselbe geblieben. Die «Kinder von Marx und Coca-Cola», denen Jean-Luc Godard 1966 in seinem gleichnamigen Film ein Denkmal gesetzt hatte, behielten auf ihrem «langen Marsch durch die Institutionen» (Rudi Dutschke) die Hoffnung auf Veränderung, die zwar nicht einlösbar, aber ihnen auch nicht zu nehmen war und die nicht zuletzt durch die Musik bis heute wachgehalten ist.

## 4. Eine Revolution, die nie aufhörte – Die Subkulturen

Als die Sex Pistols am 6. November 1975 in der Londoner Saint Martin's School of Art and Design das erste Mal auf einer Bühne standen, drohte die Veranstaltung schon nach wenigen Minuten im Chaos zu versinken. Statt der erwarteten Ursprünglichkeit und Spielfreude gab es wüsten Lärm, vermischt mit drastischen Publikumsbeschimpfungen, zu dem die kaum 18-jährigen Musiker eine Dramaturgie aus Aggression und Gewalt in Szene setzten. Der Dilettantismus dahinter wurde nicht etwa zu kaschieren versucht, sondern war herausfordernd ausgestellt. Das Ganze besaß in jeder Hinsicht die Attribute einer «Anti-Musik». Konzipiert hatte es der Manager der Band, Malcolm McLaren, für den das die gründlich vorbereitete Umsetzung eines avantgardistischen Kunstprojekts war. Doch die Studenten sahen in dem Spektakel wohl eher eine geschäftstüchtige Verhöhnung ihrer snobistischen Attitüde, jungen und unbekannten Bands ein Forum zu sein, noch bevor diese berühmt wurden. Jedenfalls schaltete der Social Secretary der Schule nach dem fünften «Song» der Band den Strom ab. Die Sex Pistols hatten nicht einmal zehn Minuten auf der Bühne gestanden.

Ein knappes Jahr später, am 20. und 21. September 1976, wurde im renommierten 100 Club auf der Londoner Oxford Street, einst Englands erste Adresse für Live-Jazz, eine Veranstaltung mit einem «Auftritt» der Sex Pistols eröffnet, die als erstes Punk Rock Festival in die Geschichte eingegangen ist. Auf der Bühne standen neben einer Reihe später wenig bekannt gewordener Bands The Clash, Siouxsie And The Banshees und The Damned, die zu den Pionieren des Punk Rock gehörten. Bereits Stunden vor Beginn der Veranstaltung hatte eine Heerschar von Jugendlichen in höchst seltsamer Maskerade eine mehrere Häuserblocks lange Schlange vor den Pforten des Klubs gebildet. Gekleidet im Modemüll vergangener Jahrzehnte, die Haare grün, rot und violett gefärbt oder mit Tapetenkleister zu Irokesen-Spikes aufgestellt, behangen mit Rasierklingen, Fahrrad- und Toilettenketten, eisenbeschlagene Hundehalsbänder um den Hals und überdimensionale Sicherheitsnadeln durch die Wangen gezogen, posierten sie vor den zahlreich anwesenden Fotografen der Boulevardpresse. Im Unterschied zu jenem ersten Auftritt der Sex Pistols im Jahr zuvor schien das Publikum an diesem Abend den Krawall sichtlich zu genießen. Als Äquivalent zur «Anti-Musik» gab es hier den ultimativen «Anti-Tanz», Pogo genannt. Schubsend und drängelnd (Moshen), Arme und Beine wild um sich werfend (Slammen) oder auf und nieder hüpfend (Up-and-Downen) bewegten sich die ineinander verkeilten Körper der Menge zu den in rasendem Tempo stampfenden Grundschlägen der Musik.

Aus dem elitären Antikunst-Programm McLarens, der gemeinsam mit der Modedesignerin Vivienne Westwood am weniger feinen Ende von Londons King's Road eine Boutique unter dem bezeichnenden Namen «Sex» betrieb, war eine jugendliche Subkultur geworden. Was hier als Musik galt, schien sich durch die kompromisslose Negation derjenigen ästhetischen Kriterien zu definieren, die die Rockmusik inzwischen zu einem weitgehend anerkannten Bestandteil des zeitgenössischen Kulturbetriebs hatten werden lassen. Die minimalistische Drei-Akkorde-Ästhetik mit ihrem aggressiven Schmuddelimage und dem ausgeprägten Do-it-yourself-Feeling, die sich in Songs der ersten Stunde wie dem *Anarchy in the UK* (1976) der Sex Pistols oder dem *New Rose* (1976) von The Damned niederschlug, wich zwar bald einem professionelleren Musizieren, aber der aggressive soziale Realismus, der sich in den Punk-Songs begleitet von lärmenden Gitarrenakkorden in rasantem Tempo Bahn brach, eröffnete neue Horizonte jenseits der bloß noch formalen Experimente etablierter Bands.

McLaren hatte mit seinem Anti-Kunstprojekt einer Entwicklung zu medialer Aufmerksamkeit verholfen, die seit dem Beginn der 1970er Jahre das musikalische Geschehen immer nachhaltiger zu prägen begann. Zwar war die Rockmusik zu keiner Zeit das gemeinschaftsstiftende und allumfassende Generationssymbol, als das sie seit den 1960er Jahren gern zelebriert wurde. Aber diese Funktion bildete sich mit der Entstehung milieuspezifischer jugendlicher Subkulturen, die ihrerseits auf die Musikentwicklung zurückwirkten, im kommerziellen Erscheinungsbild der Musik nun immer deutlicher ab. Die sozialen und kulturellen Kontexte, in denen die sich ausdifferenzierenden Stilformen und Spielweisen verankert waren, wurden zu hör- und sichtbaren Bestandteilen der Musik selbst. Mit dem Generationswechsel begannen zudem junge Musiker und Bands sich vielfach gegenüber den inzwischen über 30-jährigen Altvorderen der Rockmusik zu behaupten.

Schon Mitte der 1960er Jahre zeichneten sich zwischen den diversen Spielweisen und Stilformen auch soziale Grenzlinien ab. Von der Demarkationslinie «schwarz» und «weiß» einmal abgesehen, die weder der legendär gewordene farbige Rockgitarrist Jimi Hendrix noch gemischt besetzte Bands wie Sly and the Family Stone wirklich zu überwinden vermochten, bestanden zwischen den Beatles, den Rolling Stones, den Kinks oder The Who in Großbritannien, Bob Dylan, den Beach Boys oder den Kingsmen in den USA nicht bloß musikalische Unterschiede. Ihre Anhänger gehörten verschiedenen sozialen Milieus mit entsprechend unterschiedlichen Ansprüchen an die Musik an. Gegen Ende der 1960er Jahre manifestierte sich das im Umfeld von Bands wie Vanilla Fudge, MC5 und vor allem Steppenwolf in einer separaten Entwicklungslinie der Rockmusik, die in eine maskuline, proletarisch geprägte Subkultur mündete und in der als Heavy Metal bekannt gewordenen Variante des Rock ihr Leitmedium besaß.

Nachdem sich Jugendliche nicht mehr durch die Rockmusik repräsentiert sahen, die sich mit ihren Kunst-Experimenten zur Pop Art entwickelte, bildeten sie Allianzen hinter Bands, mit denen sie sich identifizieren konnten und statteten diese mit gruppenspezifischen Symbolen aus. Zwischen 1969 und 1972 formierte sich so eine neuartige Fan Community um Gruppen wie Judas Priest, die damals noch eine härtere Variante des Psychedelic Rock spielten, Black Sabbath, die musikalisch einer am Blues orientierten Spielart der Rockmusik verhaftet waren, und Led Zeppelin, die zu dieser Zeit eine durch den Sound der elektrisch verzerrten Gitarre geprägte Blues/Folk-Mixtur zu Gehör brachten. Diese definierte sich nicht mehr in Bezug auf eine einzelne Band, sondern genrebezogen. Dress Codes wie die Biker-Kluft in Leder oder Denim und die spikes- und nietenbesetzten Armbänder, Bewegungs-Codes wie Headbanging, das heftige Schütteln des Kopfes im Rhythmus der Musik, oder das Air Guitar Playing, der imitierende Mitvollzug der Bewegungen der Gitarristen, die Ikonografie einer überdimensionierten Maskulinität, Freizeitbeschäftigungen wie der Motorradkult oder die exzessiven Trinkrituale und eine im Heroenkult dunkel-mystischer Fantasiewelten verankerte Ideologie der Selbsterhebung vernetzten sich zu einer für Außenstehende kaum dechiffrierbaren kulturellen Matrix. Die Musik fand darin einen von ihren

Anhängern selbst erzeugten Kontext, der Klangformen mit eigenen Bedeutungen und Werten auflud. Die waren gegen eine kommerzielle Vereinnahmung relativ resistent, weil sie nicht in den einzelnen Bestandteilen der subkulturellen Stilmerkmale residierten, also auch nicht allein in der Musik, sondern vielmehr aus deren Vernetzung hervorgingen, die permanent umarrangiert werden konnte. Binnen weniger Jahre entstand so um eine Handvoll disparater Bands, deren Musik in der sich formierenden Subkultur wurzelte, ein eigenes Genre der Rockmusik – Heavy Metal. Die Ikonografie der Metal Heads, wie sich die Angehörigen der Subkultur nannten, fungierte hier als äußeres Erkennungszeichen der Musik. Spätestens ab Mitte der 1970er Jahre gehörten sie auch zum Standard-Bühnenoutfit der einschlägigen Bands. Songtexte und Cover Art spiegelten den mystischen Heroenkult und die Musik hatte nach dem Vorbild von Initialsongs wie Led Zeppelins *Whole Lotta Love* (1969) einen gitarrendominierten metallischen Sound in extremer Lautstärke erhalten, der von den Power Chords genannten offenen Quinten grundiert war. In der Vernetzung mit der gruppenspezifischen Symbolwelt markierte diese Musik das subkulturelle Terrain, das gleichzeitig aber auch den Rahmen für ein immer effizienteres Zielgruppenmarketing liefert. Diese Doppelcodierung der Musik, kommerziell und subkulturell in einem und dabei diametral entgegengesetzten Intentionen unterworfen, wird ab Mitte der 1970er Jahre zu einer der zentralen Antriebskräfte der Musikentwicklung. Einerseits bestimmt durch eine kulturelle Logik, die auf Identität durch Differenz ausgerichtet ist, andererseits einer kommerziellen Logik unterworfen, die nach Erfolgsmaximierung strebt, werden auf beiden Seiten die visuellen, klanglichen und narrativen Konstituenten permanent mit jeweils gegensätzlichen Intentionen umcodiert. Im Ergebnis ist Heavy Metal in eine nahezu unüberschaubare Zahl von Subgenres zerfallen – Black Metal, Thrash Metal, Doom Metal, Power Metal, Progressive Metal, Speed Metal, White Metal, Sleaze Metal, Glam Metal, Grindcore, um nur einige zu nennen –, die sowohl in kulturelle wie in kommerzielle Kontexte eingebunden sind.

Auch Punk war nichts anderes als eine musikalisch organisierte Subkultur, nur dass sich die ab Mitte der 1970er Jahre formierenden Jugendkulturen nicht mehr entlang der klassischen Sozialstruktur entwickelten, sondern in einem wesentlich komplexeren gesellschaftlichen Umfeld eigene soziale Konfigurationen bildeten. Das kulturelle Verhalten Jugendlicher war nicht mehr zwangsläufig durch den sozialen Status des Elternhauses geprägt, vielmehr markierten selbst gezogene Grenzlinien die temporären Vergemeinschaftungsformen von mehr oder weniger ausgeprägten Fankulturen. Aufgegriffen von der Industrie und zur Grundlage ihres Zielgruppendesigns gemacht, wurden sie zum Bestandteil einer kommerziell in Bewegung gehaltenen Dialektik von Substream und Mainstream, die eine immer schnellere Abfolge subkulturell generierter Spielweisen und Stilformen auslöste. In diesem «Mainstream der Minderheiten» (Holert/Terkessidis) erfolgte ein für die Postmoderne insgesamt charakteristisches Recycling von Symbolen und Stilelementen aus den unterschiedlichsten Zusammenhängen. So hatte Malcolm McLaren, bevor er sich in London der Band The Strand annahm und sie in die Sex Pistols umformte, zwischen 1974 und 1975 die New York Dolls gemanagt – eine Gruppe aus der Transvestitenszene New Yorks – und war dabei mit den exzentrischen Antikunst-Experimenten der New Wave Avantgarde des New Yorker Underground in Berührung gekommen. Anknüpfend an die Pop Art der frühen 1960er Jahre arbeiteten sich Künstler der unterschiedlichsten Sparten hier am Konzept einer Punk Art ab. Das gemeinhin Wertlose, Banale und Triviale sollte zum Ausgangspunkt einer Kunstpraxis werden, die ihre Materialien aus den verdrängten Abfallprodukten des bürgerlichen Alltags bezieht, seien es die obszönen Triebfantasien der Pornografie, die geheimen Horrorbilder hinter der Normalität bürgerlicher Wohlanständigkeit, die kommerziellen Stereotype einer die letzten Winkel des Alltags durchdringenden Fernsehkultur oder die aufgehäuften Müllberge einer zweifelhaften Zivilisation. Mit der möglichst schockierenden Präsentation des Wertlosen versuchten die New Yorker Punk-Artisten ein Wertesystem infrage zu stellen, dessen Kehrseite sie zelebrierten. Der Kunst wieder eine relevante kulturelle Position im Alltag zu verschaffen, war der Anspruch dahinter. Die Szene rekrutierte sich aus Kunststudenten, Stipendiaten, Jungfilmern, Videokünstlern, Fotografen und Journalisten, mithin der intellektuellen Bohème des Künstlerviertels Greenwich Village. Das erste musikalische Zeugnis der neuen Avantgarde erschien 1974 mit der Single *Piss Factory* von Patti Smith, einer Gedichte schreibenden und rezitierenden Journalistin, die den Vortrag ihrer sperrigen Verse mit rockähnlichen Klanggebilden untermalen ließ. Neben ihr waren es vor allem die Ramones, Blondie, Television und die frühen Talking Heads, die das Konzept der Punk Art in den Rock transformierten. Mit zunehmender Publizität wurde der ganzen Richtung in Analogie zur Nouvelle Vague des französischen Kinofilms das Etikett New Wave verpasst.

Während Punk in den USA zunächst ein avantgardistisches Kunstprojekt blieb, wurde in Großbritannien eine jugendliche Subkultur daraus, weil hier eine eigene mediale Infrastruktur mit Fanzines wie *Sniffin' Glue* und Kleinstlabels wie Rough Trade, Stiff oder Chiswick eine Abkopplung vom kommerziellen Mainstream ermöglichte. In kurzer Zeit entstanden so explosionsartig immer neue Bands, die mit selbst produzierten Veröffentlichungen jenseits der etablierten Musikindustrie eine Subkultur belieferten, die sich in ihnen spiegelte. Zwar landeten die erfolgreichsten Bands naturgemäß bei den großen Plattenfirmen – die Sex Pistols bei Warner, The Clash bei CBS, Siouxsie And The Banshees bei Polydor –, aber die sahen sich nun einer Vielzahl von musikalischen Trends gegenüber, die sie nicht mehr kontrollierten. Die Dynamik der Musikentwicklung hat das entscheidend verändert, zumal die Selbstproduktion und -vermarktung durch sinkende Herstellungskosten für Tonträger und finanziell möglich gewordene Home-Recording-Systeme rasant um sich griff.

Vor allem diesem Umstand ist es geschuldet, dass die musikalische Do-it-yourself-Bewegung, als die sich der Punk Rock präsentierte, die unterschiedlichsten Adaptionen und Umsetzungen erfuhr. Sie mündete in eine Regionalisierung und Lokalisierung der Musikentwicklung, die in Deutschland zum Auslöser der Neuen Deutschen Welle wurde. In den USA animierte sie farbige

Jugendliche aus sozialen Problembezirken und diversen Migranten-Communities dazu, den Plattenspieler in ein Musikinstrument zu verwandeln und mit virtuosen Musikmixturen auf der Basis geeigneter Plattenveröffentlichungen die Auseinandersetzungen zwischen den Straßengangs auf das kulturelle Terrain auszudehnen. Rap-Battles, das Stehgreif-Reimen auf rhythmisch gemixten Musikunterlagen mit dem verbalen Diskriminieren eines realen oder fiktiven Gegenübers (Dissen) bei gleichzeitiger Selbsterhebung der eigenen Person, oder Breakdancing, akrobatische Tanzwettbewerbe zu den von zwei Plattenspielern im Wechsel laufenden instrumentalen Breaks gängiger Hits (Beatjuggling), wurden zu Charakteristika des Hip-Hop. Diese afropuertorikanische urbane Straßenkultur perfektionierte den identitätsstiftenden Mechanismus kultureller Differenzproduktion. Hier herrschte die gleiche rebellische Attitüde wie im Punk, nur dass dessen Nihilismus im Hip-Hop durch einen wettbewerbsbetonten Gestus des Inbesitznehmens – von öffentlichen Räumen durch Graffiti (Taggen) und Straßentanz (Breakdancing), von Musik durch Scratching und Mixing und von Technologie durch Sampling und Spinning (Plattenauflegen) – ersetzt ist. Auch hier ging es, ähnlich wie im Punk, der auf die musikalischen Ursprünge des Rock zurückgriff, erst einmal nur um eine Rekontextualisierung vorhandener Musik – Funk, Disco und Soul –, die in den DJ-Mixen nicht nur in einen neuen musikalischen Kontext gestellt, sondern dabei zugleich in ein anderes soziales Umfeld transportiert wurde. Discjockeys wie Kool Herc (Clive Campbell), Grand Wizzard Theodore (Theodore Livingston) und Grandmaster Flash (Joseph Saddler) machten sich mit kreativen Mixstilen einen Namen, die als ein Inbesitznehmen des Vorhandenen verstanden waren. Scratching (rhythmisches Bewegen der Platte unter der Nadel), Backspinning (wiederholtes Abspielen einer Phrase durch Rückdrehen der Platte) oder Beatjuggling (beliebiges Verlängern der rhythmischen Breaks in den Songs durch Wechsel auf die gleiche Passage in einem auf einem zweiten Plattenspieler laufenden zweiten Exemplar des Titels) und Punch Phrasing (Einspielen einer Phrase von einem zweiten Plattenspieler mittels eines Crossfaders) wurden zu einer eigenen Form des Musizierens. Die Musik ist durch ihren Flow, den rhythmischen Fluss, gekennzeichnet, über dem sich der Sprechgesang der Rapper mit seiner charakteristischen Cadence (Rhythmus) erhebt. All das besaß eine Tradition in der Kultur der afroamerikanischen und afrokaribischen Communities in Nordamerika. Das «Toasten», eine andere Bezeichnung für den rhythmischen Sprechgesang, kam in den 1960er Jahren mit dem Reggae aus Jamaika. Afroamerikanische Comedy Acts wie Dewey «Pigmeat» Markham, der mit seinem gerappten *Here Comes the Judge* 1968 einen Nr. 1-Hit landete, setzten die Sprechgesang-Tradition der Blackface-Entertainer aus dem 19. und frühen 20. Jahrhundert fort. In den 1960er Jahren profilierte sich in Los Angeles das Trio Watts Prophets mit Sprechgesang-Attacken, die 1971 in dem Album *Rappin' Black in a White World* kulminierten. Auf New Yorks Underground Dance Partys arbeiteten DJs wie David Mancuso und Francis Grasso schon Ende der 1960er Jahre mit dem Crossfader und Techniken wie Beatmixing (Zusammenmischen der Beats zweier Titel) und Beatmatching (Anpassung der Geschwindigkeit durch Beschleunigung oder Verlangsamung mittels der Pitch Control am Plattenspieler), um einen nahtlosen Mix mit einer individuellen Handschrift zu erhalten. Ende der 1970er Jahre aber stand dies im Kontext einer sich formierenden jugendlichen Straßen- und Subkultur, die von den sozialen Rändern zunächst der US-Gesellschaft, später als ein weltweites Phänomen, kreativ und unüberhörbar einen ebenso komplexen wie widersprüchlichen Gegendiskurs zum neoliberalen Selbstverständnis der konservativen Mitte entfaltete. Die Rapper wehrten sich gegen strukturelle Gewalterfahrung und waren doch selbst gewaltverherrlichend, im Gangsta Rap bis ins Extrem getrieben. Sie erhoben lautstark ihre Stimme gegen soziale und ethnische Ausgrenzungen und waren mit ihrer notorischen Frauen- und Fremdenfeindlichkeit doch selbst ausgrenzend. Sie klagten die moralische Verwahrlosung einer sich nach materiellen Werten verzehrenden Gesellschaft an und suchten selbst das Heil in Reichtum, Glanz und Glamour. In solchen Widersprüchen entfaltete sich die Subkultur des Hip-Hop. In dem verständlichen Wunsch dazuzugehören, bedienten ihre Protagonisten ungewollt und unentrinnbar das Muster der eigenen Marginalisierung. Was einmal hauptsächlich als Party-Untermalung begonnen hatte, verwandelte sich vor diesem Hintergrund in den 1970er Jahren in eine kreative Ausdrucksform ethnischer Minderheiten. DJ Soul Slinger: «Hip-Hop begann als eine breit gefächerte Bewegung. Hip-Hop kam aus einem Mix der Völker Amerikas: Puertorikaner, Afrikaner, farbige Amerikaner, die ganze Palette der Ghetto-Bewohner. Die Leute, die in der Bronx wohnten, waren nicht alle schwarz. Hip-Hop war von Anfang an universal.» (zit. n. Reighley: 59) Da es nicht beim subkulturellen Gegendiskurs blieb, sondern dieser innerhalb der Subkultur selbst in ein überaus erfolgreiches Do-it-yourself-Geschäftsmodell übersetzt wurde, brauchte es nicht lang, bis aus der einstigen Straßenkultur in sozialen Problembezirken US-amerikanischer Metropolen eine globale Jugendkultur wurde, die zwischen Havanna und Paris, Moskau und Berlin, Istanbul und Peking die Insignien des B-Boying – tiefsitzende Baggy Jeans, Sneakers, die seitwärts getragene Baseball-Cap und T-Shirts mit politisch gemeinten ironischen Statements (If you're sailing the Titanic, go First Class) – in Kontinente übergreifende Signaturen des Heranwachsens verwandelt hatte. Mit der Tranformation der als Hip-Hop bekannt gewordenen Straßenkultur auf Vinyl begann eine Erfolgsgeschichte, in der am Ende auch die herkömmlichen Songstrukturen durch einen musikalischen Rahmen ersetzt waren, zu dessen herausragenden Kennzeichen Flow und Cadence wurden, musikalischer Fluss und das jeweils charakteristische Zusammenspiel von Sprachrhythmus und Rhythmus der Musik, Reim und Beat.

Das erste Zeugnis der entstandenen Subkultur auf Vinyl gab *Rapper's Delight* von der Sugar Hill Gang, das 1979 bei Sugar Hill erschien. Das New Yorker Label, betrieben von Sylvia Robinson und Ehemann Joe, war eines jener typischen Musiker-Labels, die in der weiteren Geschichte der Popmusik eine so große Rolle spielten. Die Labelgründerin hatte unter anderem mit *Pillow Talk* (1973), einem frühen Prototyp der Disco Music, eine respektable Karriere als Sängerin vorzuweisen, die sie im Rahmen eines eigenen Rhythm & Blues-Labels, All-Platinum

Records, fortzusetzen suchte. Das misslang, da die etablierten Plattenfirmen im Zuge der Disco-Welle jeden halbwegs erfolgreichen Künstler aus der alternativen Label-Szene herauskauften. Nach der Insolvenz von All-Platinum folgte Sugar Hill. Gleich die erste Veröffentlichung, *Rapper's Delight*, katapultierte das Label an die vorderste Front des Hip-Hop. Die Platte war eine mit Studiomusikern, der Sugar Hill Gang, nachproduzierte Club-Version des Disco-Hits *Good Times* von Chic aus dem gleichen Jahr, die noch tief in der Party-Tradition stand. Ausgelöst durch den Erfolg von *Rapper's Delight* und Nachfolgeproduktionen wie *The Adventures of Grandmaster Flash on the Wheels of Steel* (1981) und *The Message* (1982) mit Grandmaster Flash & The Furious Five stürzten sich die Musikindustrie, die Printmedien, die Mode- und die Filmindustrie auf die neu entdeckte Subkultur. In der setzte die unerwartete Öffentlichkeitswirksamkeit ein soziales und politisches Selbstbewusstsein frei, das sich zunehmend radikalisierte. *The Message* gilt als der Hip-Hop-Song, der die Wende auslöste und aus dem Party-Spaß die immer lauter werdende Stimme der Marginalisierten werden ließ. Und die zielte bald schon auf Grundsätzliches: «Die Injektion schwarzer Wut in die weiße Jugend Amerikas ist das letzte Stadium vor der Revolution», verkündete Gangsta-Rapper Ice-T 1993 in den Liner Notes zu seinem Album *Home Invasion*.

Während der Medienhype den Punk Rock schnell verschlissen hatte, geschah mit Hip-Hop das Gegenteil. Je hektischer die Kulturindustrie Kasse zu machen suchte, um so stärker lokalisierte sich die Szene und partizipierte mit eigenen Unternehmungen am Boom, die den etablierten Firmen an allen Fronten das Wasser abgruben. Def Jam Records wurde zum Vorbild für viele ähnliche Operationen, die zur Erfolgsgeschichte des Hip-Hop gehören. 1984 gründeten Rick Rubin, ehemaliger DJ der Beastie Boys, der ersten weißen Hip-Hop Crew (inzwischen Vizepräsident von Columbia Records), und Russell Simmons das Label. Simmons hat mit Rush Communication, einer Managementfirma, verschiedenen Film- und Fernsehproduktionsfirmen sowie den Modelinien «Phat Farm», «Argyleculture» und

«American Classics» eines der erfolgreichsten Hip-Hop-Imperien aufgebaut. Bad Boy Entertainment von Rapper Sean Combs, Death Row Records – eines der prominentesten Hip-Hop-Labels an der Westküste – von Dr. Dre und Suge Knight, Ruthless Records von Gangsta Rapper Eazy-E, Lench Mob Records von Ice Cube, Doggy Style Records von Rapper Snoop «Doggy» Dogg oder Roc-A-Fella Records von Jay-Z mit ihren dazugehörigen Modelinien wie Sean Combs' Marke «Sean John», Snoop Doggs «Snoop Dogg Clothing» und Jay-Zs «Roc-A-Wear» oder Produktionsfirmen wie Dr. Dres Aftermath Entertainment sind nichts anderes als Boutiquen-Kapitalismus. Dennoch gelang es ihnen, ein Alternativ-Image zu konservieren, das erheblich zu der außergewöhnlichen Regenerationsfähigkeit des Hip-Hop beigetragen hat. Dem kommerziellen Druck, der auf der Szene lastete, seit die etablierte Musikindustrie an ihr interessiert war, wurde kommerziell von Innen entgegengewirkt. Allerdings hat sich der subkulturelle Gegendiskurs dabei auf antisoziale Grundwerte verengt: Hyper-Sexualismus, Homophobie, Gewaltverherrlichung und eine übersteigert machohafte Maskulinität haben den komplexen und widersprüchlichen Dialog der ersten beiden Jahrzehnte auf einige wenige Grundmuster reduziert. Die Ikonografie des Hip-Hop, wie sie vor allem seit MTVs *Yo, MTV Raps!* in unzähligen Musikvideos entfaltet ist, trägt durch fortwährende Überzeichnung inzwischen alle Züge der Projektion einer unwirklichen, infantilen Gangsterwelt, die der Marginalisierung nur noch mit sexualisierten Allmachtsfantasien zu begegnen weiß. Der unübersehbare Substanzverlust hat der Kreativität allerdings keinen Abbruch getan. Nicht nur halten Jay-Z (Shawn Corey Carter), Ludacris (Christopher Brian Bridges), 50 Cent (Curtis James Jackson) oder Wiz Khalifa (Cameron Jibril Thomaz) den globalen Hip-Hop-Kapitalismus ungebrochen am Laufen. Die lokalen Szenen haben trotz der kommerziellen Engführung ständig an Vielfalt zugenommen. Das aus der Marginalisierung gewonnene Wettbewerbsmotiv – besser zu sein als die anderen, es schneller zu schaffen als diese – ist der Motor dafür. Allerdings ist die Erfolgsgeschichte des Hip-Hop auch die Geschichte einer erfolgreichen Fragmentierung und Segmentierung. Die Subkultur dient nicht als Gegenwelt, um der Hoffnung auf Überwindung des Status quo zumindest einen kulturellen Ort zu geben, sondern als eine Parallelwelt, die den Status quo zementiert. Die Rapper haben das längst formuliert, etwa wenn es bei Jay-Z in seiner remixten Version von Talib Kwelis *Get By* heißt: «Why listen to a system that never listens to me?»

Die Rockmusik dagegen blieb auch in ihrer subkulturellen Variante, die sich, ausgelöst durch den Punk Rock in all ihre musikalischen Erscheinungsformen einnistete, der Ideologie verhaftet, mit der Gitarre in der Hand die Welt verändern zu wollen. Im Bemühen um ein Massenpublikum, das diesem Anspruch ein Mindestmaß an Glaubwürdigkeit verleiht, ist sie stets von Neuem im Widerspruch zwischen dem antikapitalistischen Impetus des Musizierens und dem korporativen Kapitalismus der Musikindustrie zerrieben worden. Erfolg ist hier sowohl als «Ausverkauf» denunziert wie als Voraussetzung für die Plausibilität der eigenen Forderungen gesucht. Der Hip-Hop-Kapitalismus dagegen ist frei von jedem schlechten Gewissen und deshalb so unerschütterlich. Das sich bereits in den 1960er Jahren herausbildende schizophrene Verhältnis zum eigenen Erfolg auf Seiten der Rockmusik ist destruktiv bis zur Selbstzerstörung. Schon der Nihilismus des Punk Rock war eine Reaktion auf die Ausweglosigkeit dieses ästhetischen Imperativs, der schließlich auch die nach dem Do-it-yourself-Prinzip entstandene Infrastruktur erodierte. Waren die Indie-Labels mit ihren Strategien erfolgreich und über den Tag hinaus lebensfähig, verloren sie die Glaubwürdigkeit und damit die Basis ihres Erfolgs. Grunge, eine Ende der 1980er Jahre an der amerikanischen Westküste in Seattle, Washington, entstandene Hardcore-Variante des Rock, ist ein typisches Beispiel für diese selbstzerstörerische Form der Subkultur. Musikalisch eine Kreuzung aus Punk und Heavy Metal, die um das 1986 gründete Label Sub Pop entstanden ist, geriet die Bewegung mit Bands wie Nirvana und Pearl Jam Anfang der 1990er Jahre ins Zentrum eines beispiellosen Medienrummels. Nirvanas *Smells Like Teen Spirit* (1991) gehörte zu den einflussreichsten Rocksongs der 1990er Jahre.

Der Erfolg katapultierte die Bands aus ihrem lokalen Kontext heraus. Mit dem Verlust der subkulturellen Glaubwürdigkeit gingen ihnen der Kontext und der Subkultur das Medium verloren. Mitte der 1990er Jahre war beides nur noch ein Schatten seiner selbst. Kurt Cobain, der Sänger von Nirvana, ist daran schließlich zerbrochen; er erschoss sich im Frühjahr 1994.

Subkulturen haben auf die eine oder andere Weise zwar am Ende immer nur die eigene Welt verändert, dabei aber die Musikentwicklung an eine soziale Basis rückgebunden, in der sie trotz des Diffusen und Transitorischen ein entschiedenes Moment von Widerständigkeit und Selbstbestimmtheit wachgehalten hat. Ohne diese «Subversion der Selbstbestimmung» (Bianci) sähe die Welt heute gewiss anders aus, auch wenn es am Gang der Dinge nichts geändert hat. Zumindest hat es Musik als eine Ressource erhalten, die das eigene Leben erträglicher zu machen vermag.

## 5. Eine Revolution, die keiner bemerkt hat – Das Studio als Musikinstrument

Hinter den schallabsorbierenden Wänden der Aufnahmestudios vollzog sich seit dem Ende der 1940er Jahre ein tiefgreifender Umwälzungsprozess, dessen Tragweite damals freilich kaum jemand bemerkt hat. Die Ikonen des Rock'n'Roll faszinieren, weil sie anders klangen als die Balladen von Bing Crosby oder Frank Sinatra. Dass daran die Produzenten und Aufnahmetechniker in den Studios einen immer größeren, häufig sogar den entscheidenden Anteil hatten, blieb, wenn überhaupt erwähnt, im Kleingedruckten der Plattencovers versteckt. Daran hat sich bis heute nicht wirklich etwas geändert, obwohl der Sound der Musik im Verlauf der Entwicklung immer stärker durch die Technik bestimmt wurde.

Auslöser der Umwälzungen war die 1949 beginnende Umstellung der Musikproduktion auf die Magnetbandtechnik und die damit verbundene Entstehung kleiner, von den Plattenfirmen unabhängig agierender Aufnahmestudios. Bis dahin erfolgte die Produktion von Musik aufgrund der Kosten und Komplexität des Aufnahmeprozesses in firmeneigenen Studios mit streng hierarchisch gegliederten Arbeitsabläufen, bei denen die Gewerkschaften ein erhebliches Wort mitzureden hatten. Aufnahmesessions waren auf drei Stunden begrenzt. Die Techniker trugen weiße Laborkittel und wurden den Sessions nach Dienstplan zugeteilt. Mikrofone durften nur von den Studioingenieuren, den Recording Engineers, angefasst werden. Das Bedienen der Regler war allein den Balance Engineers an den Konsolen und den ihnen zugewiesenen Assistant Engineers vorbehalten. Die Plattenschneidmaschinen bedienten spezialisierte Mastering Engineers. Änderungen an der Verschaltung oder sonstige Eingriffe in das Setup der Technik waren ausschließlich den Service-Technikern vorbehalten. Die Vermittlung zwischen den Ansprüchen der Musiker und den Anforderungen an die Technik oblag den Produzenten. Selbst Hand anlegen durften sie damals jedoch nicht. Die Gewerkschaften sorgten dafür, dass die mit ihnen ausgehandelte Studio-Ordnung strikt eingehalten wurde. Professionelle Routine stand hier an der Stelle von Experimentierfreudigkeit. Das blieb in den großen firmeneigenen Studios auch so bis weit in die 1960er Jahre hinein, obwohl die Einführung des Magnettonbandes eine solche rigide Form der Arbeitsorganisation, die der kreativen Nutzung der Aufnahmetechnik zunehmend im Weg stand, obsolet gemacht hatte. So brauchten die Beatles und ihr Produzent George Martin noch eine Ausnahmegenehmigung der Firmenleitung, um ab 1965 ohne den Drei-Stunden-Zeitdruck und lediglich mit einem Aufnahmeingenieur, Geoff Emerick, und dessen Assistenten in den EMI-Studios in Londons Abbey Road uneingeschränkt arbeiten zu können. Aber am gewerkschaftlichen Verbot der separaten Aufzeichnung einzelner Spuren in getrennten Sessions, um die Bedingungen der Live-Performance im Studio zu sichern, scheiterten auch sie. Um Ärger mit den regelmäßig kontrollierenden Gewerkschaften zu vermeiden, mussten alle vier Gruppenmitglieder bei den Sessions auch dann im Studio anwesend sein, wenn nur einer von ihnen aufnahm. Manfred Mann, der in den 1970er Jahren mit seiner Earth Band und Alben wie *Nightingales & Bombers* (1975) zu den erfolgreichsten britischen Rockbands gehörte, beschrieb die Atmosphäre in den EMI Studios zu dieser Zeit mit den Worten: «Die EMI Studios wurden derart gut instand gehalten, dass man sich wie in einem Krankenhaus vorkam. Überall schwirrten Typen in weißen Kitteln herum und jeden Morgen war der Ort tadellos sauber. Es war dort nicht eine solche coole und kreative Atmosphäre, funky und groovy, wie die Leute immer dachten». (Cunningham: 137)

In den mit Beginn der 1950er Jahre zahlreich entstehenden unabhängigen Studios, die die fertige Aufnahme den Plattenfirmen zur wirtschaftlichen Verwertung auf Leasing-Basis überließen oder, wie Sam Phillips, ein eigenes Label betrieben, gab es weder das Personal noch den Willen für derartige Einschränkungen. Sam Phillips stellte mit Jack Clement erst 1956 einen Aufnahmeingenieur ein. Bis dahin betrieb er den Aufnahmeprozess in dem winzigen Studio allein oder ließ sich von seiner Allround-Assistentin Marion Keisker vertreten. Eine 6-Kanal-Mono-Mischkonsole, eine Plattenschneidmaschine und eine Ampex-350-Bandmaschine waren die Kernausrüstung. Das viel zu kleine Studio ließ die Aufnahmen dumpf und trocken klingen. Hallgeräte, mit denen das hätte korrigiert werden können, kosteten damals ein Vermögen. Unter solchen Bedingungen vernünftige Aufnahmen zu machen, brauchte Kreativität. So kam Phillips 1954 auf die Idee, mit einer zweiten Bandmaschine künstlichen Hall zu erzeugen, der die Aufnahmen voluminöser klingen ließ. Er nutzte dafür die Laufzeitdifferenz zwischen Aufnahme- und Wiedergabekopf von annähernd 200 Millisekunden, die das Band brauchte, den Weg dazwischen zurückzulegen. Vom Aufnahmekopf der ersten Bandmaschine führte er das Tonsignal auf den Wiedergabekopf der zweiten Maschine und wieder zurück auf den Aufnahmekopf der ersten. Diesem so erzeugten künstlichen Hall fehlt der Energieverlust, der für den natürlichen Nachhall charakteristisch ist. Statt der mehrfach zurückgeworfenen, immer schwächer werdenden Schallwelle erfolgt das Echo hier nur einmal und genauso laut wie das auslösende Klangereignis. Als «Slapback-Echo» ist dieser Effekt berühmt geworden, der nicht zuletzt Elvis Presleys Sun-Aufnahmen ihren so unverkennbaren Sound gab. Da Phillips lediglich Vollspurgeräte besaß, war dieser Nachhall-Effekt immer nur auf die Aufnahme als ganze anwendbar. Er wirkte sich aber auf die einzelnen Klangbestandteile sehr unterschiedlich aus, abhängig vom Pegel, mit dem sie im Klangbild präsent waren. Während die Singstimme dadurch einen vollen und leicht halligen Charakter erhält, wird die Gitarre, eingebettet in ihr eigenes Echo, deutlich prägnanter. Der in Slappin'-Technik gespielte Kontrabass (die angerissene Saite schlägt auf das Griffbrett zurück) bekommt dagegen durch das hörbare Echo des Aufschlaggeräuschs einen derart perkussiven Charakter, dass das Fehlen eines Schlagzeugs – die frühen Presley-Aufnahmen sind durchweg ohne Schlagzeug eingespielt – kaum bemerkbar ist. Eingebettet war dieser Effekt bei Phillips in ein Klangkonzept, das laut und aggressiv wirken sollte. Die Pegelmesser ließ er bis hart an die Grenze zum roten Bereich oder auch leicht darüber gehen, um einen rauen, energiegeladenen Sound zu erhalten. Zusammen mit dem Slapback-Echo führte das zu einem überwältigenden Klangeindruck, der dem Charakter eines Live-Events in einer der vielen Musik-Kneipen in Memphis nachempfunden war. Dieser Sound ließ nicht nur aufhorchen, sondern passte optimal zu dem rebellischen Image von Elvis Presley und seiner Nachfolger bei Sun, Jerry Lee Lewis und Carl Perkins. Sam Phillips realisierte sehr schnell, dass er ein Instrument entwickelt hatte, dessen durchschlagende Wirkung gerade der Künstlichkeit und «Unerhörtheit» zu verdanken war. Damit schuf er die Grundlagen für das technische Klangdesign, das seither aus der Popmusik nicht mehr wegzudenken ist.

Sam Phillips war nicht der erste, der auf die Idee kam, die Aufnahmetechnik als Instrument der Klanggestaltung zu nutzen. Schon vor ihm experimentierte der Swing-Gitarrist Les Paul – auch als Erfinder eines nach ihm benannten Typs der resonanzkörperlosen E-Gitarre (Solid Body), der Gibson Les Paul, bekannt – mit künstlichem Hall, indem er das Signal direkt auf den Aufnahmekopf zurückkoppelte (Tape Delay). In die Annalen der Popmusikgeschichte schrieb er sich jedoch mit seinem Sound-on-Sound-Verfahren ein, eine Technik der Mehrfachaufnahme, bei der er sich selbst zusammen mit der Lautsprecherwiedergabe einer zuvor gemachten Aufzeichnung nochmals aufnahm. Bis zu acht Schichten produzierte er noch vor dem Aufkommen des Magnettonbandes allein mit einem Disk-Recorder. Um einen maximalen Signalpegel zu erhalten und so das Rauschen zu unterdrücken, positionierte er das Mikrofon unmittelbar vor dem Verstärkerlautsprecher – der erste Schritt zur Nahmikrofonierung, ohne die heute keine Aufnahme mehr auskommt. Der mit jeder Generation dennoch abnehmenden Klangqualität durch die Summierung des Rauschens begegnete er mit einem technischen Trick. Er nahm die ersten Schichten im halben Tempo und entsprechend tieferer Tonlage auf. Wurden diese bei der Aufnahme einer weiteren Schicht dann doppelt so schnell, also im richtigen Tempo abgespielt, verdoppelte sich die Frequenz, die Tonlage stimmte wieder, aber das Rauschen war in den unhörbaren Frequenzbereich verschoben. Allerdings veränderte sich dabei auch das Obertonspektrum, sodass sich ein klanglicher Micky-Maus-Effekt ergab. Trotzdem hatte er mit dieser nie zuvor gehörten Klangarchitektur sensationelle Erfolge. *How High the Moon* (1950), an dem seine Ehefrau Mary Ford als Sängerin mitwirkte, natürlich ebenfalls stimmlich zum Chor vervielfacht, wurde zu einem Nr. 1-Hit. Ralph J. Gleason, Nestor der Pop-Kritik in den USA und Mitbegründer der Zeitschrift *Rolling Stone*, schrieb einmal völlig zu Recht, dass «keiner in der Geschichte der Popmusik einen größeren Einfluss als Les Paul auf den ultimativen Pop-Sound hatte». Jahrzehnte später haben Todd Rundgren mit *Something/Anything?* (1972) oder Mike Oldfield mit seinem epochalen Album *Tubular Bells* (1973), Prince mit *Dirty Mind* (1980), Roy Wood, der einstige Kopf des Electric Light Orchestra, mit *Starting Up* (1987) oder Bruce Springsteen mit *The Ghost of Tom Joad* (1995) solche Ein-Mann-Produktionen fortgeführt, die Les Paul schon Ende der 1940er Jahre erfolgreich praktizierte. Sie bedienten sich dabei eines Aufnahmegerätes, dessen Entwicklung seinerzeit ebenfalls von Les Paul in Auftrag gegeben worden war. Nach seinen

Vorstellungen baute die amerikanische Firma Ampex 1955 den Prototyp einer Achtspurmaschine, mit der eine synchrone Aufnahme der einzelnen Spuren durch wahlweise Umschaltung der Tonköpfe von Aufnahme auf Wiedergabe (SelSync) möglich war. Damit begann das Zeitalter der Mehrspuraufnahme (overdubbing). Einzelne Instrumente oder Instrumentengruppen sowie der Vokalpart konnten nun auch separat aufgezeichnet und nach der Aufnahme auf ein Vollspur- oder Zweispurmasterband heruntergemischt werden. Atlantic Records arbeitete als erste Plattenfirma ab 1956 mit einer Achtspurmaschine – dem dritten Exemplar, das gebaut wurde – und schrieb damit Rhythm & Blues- und Soul-Geschichte.

Nachdem der Imperativ erst einmal gebrochen war, wonach die Musikaufnahme im Studio ein möglichst realistisches Abbild der Studio-Performance in Analogie zum Live-Musizieren sein sollte, waren der Experimentierfreude keine Grenzen mehr gesetzt. Die technischen Verfahren der Klangaufzeichnung ergaben neue musikalische Möglichkeiten. Das Autoren- und Produzententeam Jerry Leiber und Mike Stoller, dem vor allem Elvis Presley viele seiner frühen Hits verdankt, erklärte später einmal: «Wir haben keine Songs mehr geschrieben, sondern Schallplatten.» (Pareles/Bashe: 322) Im Unterschied zum traditionellen, an den Notendruck gebundenen Pop-Song, der lediglich ein in Umrissen notiertes Gerüst darstellt, das erst im Live-Musizieren zu leben beginnt, verlangt die Titelkonzeption einer Studioproduktion eine andere Herangehensweise. Hier liefert die Klangarchitektur eine definitive Gestalt, die sich unablösbar mit dem Song verbindet. Nachproduzierte Cover-Versionen haben immer die Klanggestalt des Originals im Hintergrund, während der traditionelle Pop-Song auf dem abstrakten Notendruck basiert.

Angesichts der ständig wachsenden Bedeutung der Aufnahmetechnologie für die endgültige Gestalt eines Musikstücks begannen schon in den 1950er Jahren die ersten Songschreiber und Bandleader, sich selbst um die Realisierung ihrer Musik im Studio zu kümmern. Vordem war diese Funktion den Artist & Repertoire-Leuten in den Plattenfirmen vorbehalten und weitgehend auf die Kontrolle des Budgets beschränkt. «Supervisor» nannte sich diese Funktion nicht ganz unzutreffend, sofern sie überhaupt irgendwo einmal Erwähnung fand. Der Prozess im Studio galt als bloße Aufzeichnung von etwas bereits Vorhandenem, auch wenn die Songs immer häufiger erst im Studio wirklich Gestalt annahmen. Leiber und Stoller, die sich als Autoren der meisten Presley-Hits einen Namen gemacht hatten, verhalfen schließlich der Musikproduktion als einem kreativen Akt eigener Art zu ihrem Recht. Sie arbeiteten zwar schon seit 1955 für das Sublabel Atco der New Yorker Plattenfirma Atlantic Records als selbstständige Produzenten, doch ausgewiesen findet sich das erst ab 1959. Erstmals firmieren sie auf der Single *Charlie Brown* (1959) der Coasters als «Supervisor». Auf der Greatest-Hits-Kompilation der Drifters aus dem Jahr 1960 ist die Bezeichnung «Supervisor» hinter ihrem Namen dann schließlich durch «Producer» ersetzt. Seither findet dieser, dem Filmgeschäft entlehnte Begriff auch in der Musik Verwendung. Die rechtliche Anerkennung der Funktion des Musikproduzenten dauerte allerdings noch bis 1976, als in den USA eine Ergänzung zum Copyright Act auch die Musikaufnahme und nicht nur die aufgenommene Musik schutzfähig machte und damit einen Grundsatz etablierte, der in den folgenden Jahren auch in Europa analogen Regelungen den Weg wies. Für die Musik bedeutete das die schrittweise Emanzipation vom Diktat der Echtzeit-Realisierung im Live-Musizieren, vom Imperativ der Aufführbarkeit, was mit der Eroberung völlig neuer klanglicher Horizonte verbunden war.

Die von Norman Petty ab 1956 für Buddy Holly realisierten Aufnahmen gehörten zu den ersten, in denen sich das Klangdesign von den Paradigmen der Aufführung und Aufführbarkeit vollständig gelöst hatte. Dabei stand Petty in seinem Mini-Studio in Clovis, New Mexico, noch nicht einmal eine Mehrspurmaschine zur Verfügung. Er nahm mono auf und kopierte das Ergebnis zusammen mit einem weiteren Aufnahmevorgang auf eine zweite Maschine um. So ist beispielsweise in Buddy Hollys *Words of Love* (1957) ein Klangkonzept realisiert, das sich von der akustischen Realität weit entfernt hat. Schon die hier zu hörende Verdopplung der Singstimme Buddy

Hollys war damals mehr als bloß ein technischer Gag. Der Vorgang demonstriert die technische Fähigkeit, Stimmen von ihren Trägern zu lösen und pur, als bloße Klangspur, miteinander agieren zu lassen. Das Produkt ist als Synthese aus menschlicher Lauterzeugung und maschinellen Mutationen der Inbegriff für den körperlos gewordenen Klang des Medienzeitalters.

Doch noch in einer anderen Hinsicht erweisen sich die Norman-Petty-Produktionen jener Jahre als ausgesprochene Pionierarbeit. Sie kombinieren im Klangdesign zwei divergierende Raumperspektiven. Perkussion und Bass sind in *Words of Love* ausgesprochen «trocken» aufgenommen. Die kleine Trommel im Schlagzeug hat Petty durch einen Pappkarton ersetzt, um einen hinreichend «trockenen» Hintergrund für die hallige E-Gitarre Buddy Hollys und seine Singstimme zu erhalten. Das Instrument selbst hebt sich mit seinem Klangprofil entweder nicht genügend von den Gitarrenlinien ab oder wirkt bei entsprechend höherem Aufnahmepegel auch in «trockenen» Räumen relativ hallig. Der Hall auf Singstimme und E-Gitarre ist in der zur Echo-Kammer umfunktionierten Toilette des Gebäudes erzeugt. In einem realen Raum, der entweder hallig oder «trocken» ist, kann beides unmöglich zusammen erklingen, ebenso wenig wie Buddy Holly real nicht mit sich selbst im Duett singen kann. Aber gerade die Ablösung des Klangs von seiner realen Verortung in Zeit und Raum und damit die Loslösung von den Parametern der Aufführung rückt ihn in seiner sinnlichen Eigenwertigkeit in den Vordergrund. Darin liegt ein wesentlicher Grund für die Faszination, die diese Aufnahmen ein halbes Jahrhundert nach ihrer Entstehung noch immer auslösen. Sie sind mit ihren minimalistischen Arrangements – Gesang, Gitarre, Schlagzeug und Kontrabass – einerseits weiterhin dem Ideal der aufgeführten Musik verhaftet und andererseits schon Lichtjahre davon entfernt.

In den folgenden Jahren resultierten die Klangkonzepte, die den Aufnahmen zugrunde lagen und den Toningenieuren zu unerwarteter Prominenz verhalfen, immer häufiger aus der schrittweisen Zerlegung des klanglichen Materials in die Einzelbestandteile seiner Wellenform, um es losgelöst von den Gesetzen der Akustik auf der Basis des Tonsignals neu zusammenzusetzen. Einer der radikalsten Erneuerer der Klanggestaltung im Studio war Anfang der 1960er Jahre der britische Produzent Joe Meek. Er sorgte 1962 mit *Telstar* der Tornados, einer von ihm für seine Produktionen zusammengestellten Gruppe von Studiomusikern, für den allerersten britischen Nr. 1-Hit in den USA. Durch den späteren Siegeszug der Beatles ist dieser erste britische Einbruch in den relativ geschlossenen US-Musikmarkt etwas in Vergessenheit geraten. Doch auch wenn es ein Eintagserfolg war und der exzentrische Aufnahmepionier schon wenige Jahre später seinem Leben selbst ein Ende setzte, erwies sich der Titel als richtungsweisend.

Meeks Aufnahmekonzept war kompromisslos signalbezogen. Für die Manipulation und Formung des Tonsignals nutzte er den Mikrofonverstärker. Sein epochemachendes Album *I Hear a New World – An Outer Space Music Fantasy* (1960), das als ein Wendepunkt in der Geschichte der Tonaufzeichnung gilt, ist neben einer Vielzahl weiterer bahnbrechender Effekte vor allem durch eine virtuose Handhabung des Verstärkers als Musikinstrument geprägt. Zu Lebzeiten Meeks erschien 1960 allerdings nur eine EP mit vier Tracks. Das vollständige Album fand erst 1991 auf RPM Records seinen Weg an die Öffentlichkeit. Zu den Innovationen, die diese Produktion auszeichnen, gehört auch die klangliche Nutzung des Bandsättigungseffekts. Ab einem bestimmten Grenzwert kann die magnetisierbare Schicht des Tonbandes eine weitere Magnetisierung durch ein entsprechend verstärktes Tonsignal nicht mehr aufnehmen. Je nach Bandsorte führt das zu Klangveränderungen, die vor allem die energieintensiven oberen Bereiche des Frequenzspektrums abschneiden. Dadurch schlagen die Mitten stärker durch und der Klang erhält eine ausgesprochen warme Färbung. Das ist seither ein häufig benutztes Mittel der Klanggestaltung, das bis heute mit softwarebasierten Modulen unter Bezeichnungen wie «Reel Tape Saturation» imitiert wird.

*Telstar*, Meeks größter Erfolg, der ihm allerdings durch einen Plagiatsprozess vergällt wurde – das Urteil zu seinen Gunsten kam drei Wochen nach seinem Tod zu spät für ihn –, ist ein

Meisterwerk der technischen Klanggestaltung. Erstmals sind hier Limiter und Kompressoren, die als Regelverstärker vor allem zur automatischen Unterdrückung von Pegelspitzen in Sendeanlangen entwickelt worden waren, aufgrund ihrer unvermeidbaren Auswirkungen auf den von ihnen geregelten Klang eingesetzt. Vor allem der Kompressor, mit dem der Dynamikabstand zwischen laut und leise durch Anhebung der leisen Passagen verringert wird, ist bis heute eines der am häufigsten benutzten Geräte zur technischen Klanggestaltung. Ein spektakuläres Beispiel ist der Klavier-Schlussakkord am Ende des Beatles-Albums *Sgt. Pepper's Lonely Hearts Club Band*, ein technisch vervielfachter E-Dur-Akkord, dessen Ausschwingvorgang mit einem Kompressor mehr als eine Minute lange über die Hörbarkeitsschwelle gehoben wird. Auch der eigentümlich verfremdete Piano-Sound in *Lady Madonna* (1968) der Beatles ist mit einem Kompressor erzeugt. Selbst die als «Splatter»-Effekt bekannten, ebenso unregelmäßigen wie unkontrollierbaren und eigentlich störenden Verzerrungen des Klangs, die bei den frühen Kompressormodellen auftraten, wenn sie zu hart angesprochen wurden, hat Geoff Emerick, der für die Beatles-Produktionen verantwortliche Toningenieur, als Klangeffekt genutzt. Bei sehr obertonreichen Klängen, wie etwa denen von Perkussionsinstrumenten, wo zudem die Pegelspitzen sehr rasch erreicht werden, führt die Pegelbegrenzung durch den Kompressor zu einem scheinbaren «Zerspritzen» des Klangs. In A *Hard Day's Night* (1964) sind die Becken im Schlagzeug mit diesem Effekt aufgenommen. Inzwischen gibt es faktisch keine Aufnahme mehr, der nicht mit dem Kompressor zu größerer klanglicher Präsenz verholfen ist, um sie vor allem im Radio aus dem Programmumfeld herauszuheben. Da das alle machen, sind die Kompressionsraten in aberwitzige Höhen getrieben worden.

Die Beatles-Alben *Rubber Soul* (1965), *Revolver* (1966) und insbesondere *Sgt. Pepper* (1967) waren Meilensteine auf einem Weg, der bei Pink Floyd und ihren Alben *Ummagumma* (1969) und *Atom Heart Mother* (1970) in komplexe Klangarchitekturen mündete, die schließlich auch das Korsett des Pop-Songs sprengten. Das Klangdesign wurde immer komplexer und dominanter, bis hin zu den Arbeiten des britischen Studiomagiers Trevor Horn Mitte der 1980er Jahre. Ihm lieferten die Musiker – damals Frankie Goes to Hollywood – nur noch Rohmaterial, aus dem er im Studio überaus effektvolle Produktionen generierte. *Relax* (1983), das als Debüt-Single der Band erschien, hat er zur Demonstration seiner Kunst in insgesamt 17 verschieden abgemischten Versionen herausgebracht.

Diese Entwicklung war auch in England von kleinen unabhängigen Studios getragen. Selbst die Beatles haben trotz ihrer Privilegien in den EMI Studios immer wieder auch in solchen innovativen Studios gearbeitet. *All You Need is Love* (1967), *Baby You're A Rich Man* (1967), *Something* (1969) und *You Never Give Me Your Money* (1969) sind in den Ende der 1950er Jahre in West-London entstandenen Olympic Studios produziert, wo auch die Rolling Stones, The Who, The Kinks, Small Faces, Led Zeppelin, Procol Harum und Jimi Hendrix aufnahmen, da es dort die fortgeschrittenere Technik gab. *Fixing A Hole* (1967), veröffentlicht auf dem *Sgt. Pepper*-Album, entstand in den Regent Sound Studios. In dem mit Achtspurtechnik ausgestatteten Studio in Londons Denmark Street gab sich in den 1960er und 1970er Jahren die Elite der britischen Popmusik die Klinke in die Hand. *Hey Jude* (1968) und Teile des *White Album* (1968) wurden in den 1968 eröffneten Trident Studios produziert, die als erste über Sechzehnspurtechnik verfügten. Den Kern des Equipments bildete eine speziell entwickelte 92-Kanal-Aufnahmekonsole, damals einzigartig auf der Welt. David Bowie, Queen, Lou Reed, Frank Zappa und viele andere namhafte Künstler verdanken dem Studio die Realisierung musikalischer Ideen, die damals an keinem anderen Ort der Welt umsetzbar gewesen wären.

Mit der Möglichkeit zur Manipulation der klanglichen Eigenschaften von Instrumenten und Singstimme verschob sich der Schwerpunkt des Musizierens allmählich von seinen notierbaren Parametern, wie Tonhöhe, Dynamik und formalem Ablauf sowie den melodischen und harmonischen Aspekten, auf die reproduzierbaren Details des klanglichen Ausdrucks. Sound wurde damit zur zentralen ästhetischen Kategorie. Brian Eno, der das Tonbandgerät zu seinem wichtigsten Musikinstrument erklärt hat, beschrieb in einem 1979 in New York gehaltenen Vortrag unter dem Titel *The Studio as Compositional Tool*, worauf diese Entwicklung schließlich hinauslief: «Statt mit dem Konzept des endgültigen Musikstücks geht man heute mit einem nackten Skelett des Stücks oder auch mit nichts in der Hand ins Studio. Wenn man mit den Möglichkeiten des Studios vertraut ist, kann man direkt mit diesem musizieren und komponieren. Man beginnt etwas aufzunehmen, nimmt etwas anderes auf und versucht es darüber zu legen und so weiter; dann nimmt man aus der ersten Aufnahme wieder etwas heraus oder macht einen Mix und sieht, was man hat – konstruiert so Schritt für Schritt das Stück im Studio. [...] Man arbeitet direkt am Klang, es gibt keinen Übertragungsverlust mehr zwischen dir und dem Klang – du erschaffst ihn. Das bringt den Komponisten in eine ähnliche Position wie den Maler – er arbeitet direkt mit dem Material, arbeitet direkt auf einen Träger und er behält dabei immer die Möglichkeit wegzunehmen und zu ändern, hier etwas auszumalen und dort etwas hinzuzufügen.» In der phonografischen Kunst, zu der sich die Musikproduktion damit entwickelt hat, sind künstlerische Inspiration und technisches Know-how unlösbar zusammengewachsen. Die Aufnahme wird zum normativen Paradigma der Musik.

Mit der Digitalisierung der Musikproduktion erhielt dieser Prozess noch einmal einen entscheidenden Schub, da sich damit die Methoden des Klangdesigns von den aufwendigen und teuren Apparateketten der analogen Technik lösten. Die Digitaltechnik hielt schon in den 1970er Jahren Einzug in die Aufnahmestudios, auch wenn bis zur Einführung der CD Anfang der 1980er Jahre weiterhin analog veröffentlicht wurde. Als erstes vollständig digital produziertes Album gilt Ry Cooders *Bop Till You Drop* (1979), aufgenommen von Lee Herschberg auf einem Rekorder der amerikanischen 3M Company. Frühere Versuche waren unter anderem von Decca und dem japanischen Hersteller von Audio-Technik Denon mit Blick auf den audiophilen Klassik-Markt gemacht worden, ohne sich jedoch wirklich durchzusetzen. Seit Ende der 1980er Jahre kam die Digitaltechnik nicht mehr nur als ein Hilfsmittel vor allem beim Abmischen der Aufnahmen zur Anwendung, sondern Audio Workstations und Produktionssoftware wie ProTools hielten Einzug in die Studios. Mit der rasanten Verbilligung von Hard- und Software wurde die Digitaltechnik schon bald in den diversen tanz- und klubzentrierten Subkulturen als eine Alternative zur kommerziellen Musikproduktion genutzt, wobei ihre grenzenlosen klanglichen Möglichkeiten auf immer breiterer Basis zum Einsatz kamen. Das Home Studio entwickelte sich zur funktionierenden Alternative neben der unüberschaubar gewordenen Zahl professioneller Studios, die mit ihrer Ausstattung und ihrem ästhetisch-technischen Know-how um die Musiker und Bands konkurrieren. Produzenten und Aufnahmeingenieure, heute nicht selten beides in einer Person, wie Steve Albini (u. a. Nirvana), Trent Reznor (u. a. Nine Inch Nails), Bill Bottrell (u. a. Madonna) oder Bruce Swedien (u. a. Michael Jackson), die Popmusik-Geschichte geschrieben haben und schreiben, bleiben allerdings auch im Zeitalter des Home Recording mit ihrer Kreativität und ihrem Professionalismus unersetzbare Garanten für qualitativ hochwertige und innovative Hit-Produktionen.

## 6. Eine Revolution auf dem Plattenteller – Soundformen

Die wachsende Bedeutung der Aufnahmetechnik hatte zur Folge, dass sich die Plattenfirmen um einen unverwechselbaren Sound ihrer Produktionen bemühten. Ähnlich wie schon Sam Phillips ab 1954 mit seinem Slapback-Echo den Sun-Record-Veröffentlichungen eine ganz eigene Klangsignatur aufprägte, waren nun auch andere Firmen an einem firmeneigenen Sound-Design interessiert. Atlantic Records gehörten zu den ersten, die dank ihres Chefingenieurs Tom Dowd am Sound ihrer Produktionen erkennbar waren. Dowd, der Architekt des Atlantic Sound, war ein Meister der Mikrofonierung, zumal das 1947 gegründete Label in den ersten Jahren seiner Existenz kein Mischpult besaß. Mit den Worten von Label-Gründer Ahmet Ertegun: «Was gespielt wurde, kam auf Band.» Das einzige Mittel, in die Aufnahme gestaltend einzugreifen, bestand in der Positionierung des Mikrofons. Dowd führte deshalb die Mehrspurtechnik mit aller Konsequenz ein. Er kannte die Möglichkeiten der Mikrofonierung wie kein anderer, aber auch deren Grenzen. Ab 1952 arbeitete er bei Atlantic mit einer der ersten Zweispurmaschinen und einem Vierkanalmischpult, um den Gesamtklang aus einzelnen Komponenten zusammensetzen zu können. Damit konnte über vier Mikrofone von vier verschiedenen Positionen aus auf zwei getrennten Spuren aufgenommen werden. Atlantic führte 1956 schließlich als erste Plattenfirma Achtspurtechnik ein. Dowd empfand die Ausstattung der Mischpulte mit Drehreglern als ausgesprochen hinderlich, denn die großen Bakelitknöpfe ließen sich nur mit der ganzen Hand bedienen, sodass ein Mitführen der Aussteuerung während der Aufnahme immer nur auf zwei Kanälen möglich war. Er baute deshalb Schieberegler in sein Mischpult ein, die wie eine Klaviatur mit den Fingerspitzen bei der Aufnahme mitgeführt werden konnten. Seine Lösung ist bei Mischkonsolen Standard geworden. Den charakteristischen Atlantic Sound – ein satter, etwas mittenbetonter und dadurch warmer Klang von bestechender Transparenz und Klarheit – verkörperten in den 1950er Jahren Ruth Brown, The Drifters, Big Joe Turner, LaVern Baker, Ray Charles und die Coasters mit ihren Hits. Ohne die Crew exzellenter Studiomusiker unter Leitung von Jesse Stone und später Budd Johnson, die beide zugleich ausgezeichnete Arrangeure waren, und ohne das ab 1955 unter Vertrag genommene Autoren- und Produzententeam Jerry Leiber und Mike Stoller wäre der Atlantic Sound nicht zu dem geworden, was er war. Doch der Schlüssel blieb die Mikrofonierung. Tom Dowd, der zwischen 1948 und 1965 ausnahmslos alle Produktionen des Atlantic Labels aufnahmetechnisch betreute, entwickelte eine ausgesprochene Meisterschaft darin, die Mikrofone entsprechend den Möglichkeiten der aufzunehmenden Instrumente und den Erfordernissen der Musik zu positionieren.

Auch wenn Atlantic mit dem Sound-Design ihrer Aufnahmen der Zeit damals weit voraus war, blieb das Aufnahmekonzept noch dem einzelnen Song verpflichtet. Das jedem Titel im Studio maßgeschneiderte Klanggewand war jedoch konsequent auf den Plattenteller bezogen und nicht mehr von der Live-Aufführung her gedacht. Mit den Produktionen von Otis Redding, Aretha Franklin und Wilson Pickett fand der Atlantic Sound in den 1960er Jahren seinen Höhepunkt, bevor sich das Label mit Cream, den Bee Gees, Iron Butterfly, Led Zeppelin, Genesis und den Rolling Stones der Rockmusik zuwandte.

Einen ganz anderen Weg beschritt die 1960 in Detroit von Berry Gordy als erstes afroamerikanisches Musikunternehmen gegründete Motown Record Corporation. Wie keine andere Plattenfirma in jenen Jahren hat sie den Sound ihrer Produktionen zu einem Markenzeichen des Unternehmens gemacht, indem eine wiedererkennbare arrangier- und aufnahmetechnische Klangschablone die Basis jeder Produktion bildete. Der Motown Sound, der als «The Sound of Young America» vermarktet wurde, war in der ersten Hälfte der 1960er Jahre ein Synonym für schwarze Popmusik, die sich auf dem umsatzstarken weißen Markt zu behaupten suchte. Das Label ist mit diesem Konzept das mit Abstand erfolgreichste Pop-Label auf dem amerikanischen Musikmarkt der 1960er Jahre gewesen. Auch die Beatles hatten eine ganze Reihe von Motown-Songs in ihrem Repertoire (*Please Please Me, Please Mr. Postman*, *Money*, *We Can Work It Out*, *Can't Buy Me Love*, *Fool on the Hill* etc.).

Berry Gordy Jr. unternahm 1959 mit Tamla Records den ersten Schritt ins Musikgeschäft. Zuvor hatte er sich bereits als Songschreiber einen Namen gemacht. *Lonely Teardrops*, eine romantische Ballade mit Jackie Wilson, die sich 1958 an der Spitze der Rhythm & Blues-Charts platzierte, war auf Tyran Carlo als Urheber eingetragen. Hinter dem Pseudonym verbargen sich Gordy, seine Schwester Gwendolyn und ihr damalige Freund, Roquel «Billy» Davis, später als Songschreiber, Produzent und Soul-Sänger sehr erfolgreich. Zu den ersten Hits des Motown-Labels gehörte 1961 *Jamie,* der mit Edward «Eddie» Holland als Sänger produziert worden war. Dessen Bruder

Brian Holland debütierte als Songschreiber mit seinem ersten großen Hit, *Please Mr. Postman* (1961), eingespielt von den Marvelettes, ebenfalls bei Gordy. Der Song – 1963 auch ein großer Hit für die Beatles – erschien auf Gordys Tamla Records. Und noch ein Name aus der Frühgeschichte des Motown-Unternehmens ist zu erwähnen: Lamont Dozier. Gordys Schwester Gwendolyn betrieb mit Anna Records ab 1959 ein eigenes Label, das mit *Hope And Pray*, einer Aufnahme der Voice Masters, gestartet wurde. Der Leadsänger des siebenköpfigen Ensembles, das als Sessionband auch für Berry Gordy arbeitete, war der Sänger und Komponist Lamont Herbert Dozier. Unter Gordys Ägide wurden Eddie und Brian Holland sowie Lamont Dozier zu Holland-Dozier-Holland und damit zu einem der legendärsten Autoren- und Produzententeams in der Geschichte der Popmusik. Zwischen 1962 und 1967 zeichneten sie für sämtliche Motown-Produktionen verantwortlich, darunter die Aufnahmen der Marvelettes, der Miracles, der Temptations, von Martha and the Vandellas, der Supremes, von Diana Ross, Marvin Gaye und dem frühen Stevie Wonder.

Kennzeichen des Holland-Dozier-Holland-Konzepts, das 1963 mit Martha and the Vandellas *(Love Is Like A) Heat Wave* entstand, war eine komplexe Sechzehntel-Rhythmik im 8/8-Metrum, die durch Betonung der ungeraden, ansonsten unbetonten Achtel einen ausgesprochenen swingenden Charakter erhielt und aus dem mit viel Crash-Becken gespielten Schlagzeug, darüber gelegtem Tamburin bzw. Schellenring, Handclaps sowie einer dominanten, aber beweglichen Bassline resultierte. Auf diesem swingenden Tanzrhythmus entfaltete sich der im Gospelstil verankerte Gesangspart, der mit dem Wechsel von Leadsänger und Vokalgruppe dem traditionellen Ruf-Antwort-Prinzip folgte. Das ergab eine nahezu perfekte Mischung aus Gospel und Pop. Eingespielt wurden alle Motown-Produktionen mit einer hauseigenen Studioband um den Keyboarder Earl Van Dyke, die unter Earl Van Dyke & the Funk Brothers firmierte. Insbesondere der Bassist James Jamerson und die Schlagzeuger Uriel Jones, Benny Benjamin und Richard «Pistol» Allen – die meisten Motown-Produktionen sind mit zwei Schlagzeugern aufgenommen – hatten einen entscheidenden Anteil an der Unverwechselbarkeit des Motown Sound. Häufig wurden die Arrangements, die in den Händen des In-House-Arrangeurs Paul Riser lagen, noch mit Streichern aufgefüllt. Im Aufbau vermieden die Holland-Dozier-Holland-Titel die musikalische Standardform und folgten stattdessen einem zyklischen Ablauf, in dem sich die melodischen Schlüsselphrasen und der Refrain unablässig wiederholten.

Auch wenn bereits die Arrangements auf ein wiedererkennbares Klangdesign zielten, war es doch vor allem das Aufnahme- und Mischkonzept von Lawrence Horn, das die Motown-Produktionen der 1960er Jahre so einzigartig machte. Horn hatte die mit der Mehrspurtechnik eingeführte klare Trennung des Aufnahme- und Mischvorgangs – erst wurden alle Spuren aufgezeichnet und danach die Produktion auf ein Vollspur-Master heruntergemischt – zugunsten mehrerer Zwischenmischungen aufgegeben. Motown-Produktionen durchliefen bis zu 20 Mischvorgänge. Zunächst erfolgte die Aufnahme von Schlagzeug, Bassgitarre und Perkussion auf drei separaten Spuren, die dann klanglich nachbearbeitet und auf eine Spur eines zweiten Bandes heruntergemischt wurden. Schicht um Schicht wurde so zunächst aufgenommen – Gitarren, Keyboards, die Bläserriffs, die chorischen Gesangsteile und die Gesangssoli –, abgemischt und dann umkopiert. Die Streicher wurden bis 1963 mit einer Gruppe von Studenten des Wayne State College in Chicago aufgenommen und in Detroit dann beim Abmischen in die Titel eingefügt. Danach übernahm die Aufgabe eine zehnköpfige Gruppe des Detroit Symphony Orchestra, die Gordon Staples, der Konzertmeister des Orchesters, leitete. An diesem aufwendigen Prozedere waren mehrere Aufnahmeteams beteiligt, da jede Schicht in den Händen eines spezialisierten Teams lag. Aufgenommen wurde mit einer selbst entwickelten Achtspurmaschine. Da Gordy das Geld für die Anschaffung von High-End-Aufnahmetechnik fehlte, gliederte er seinem Label 1962 ein Engineering Department an, das unter Leitung von Mike McLean die benötigte Technik selbst entwarf und zusammenbaute. Auch das gab dem Motown Sound sein besonderes Gepräge; in technischer Hinsicht ist er mit Unikaten erstellt.

Einzigartig war auch das Mischkonzept, denn Lawrence Horn brach mit einer ehernen Regel der Musikproduktion, nach der der Vokalpart im Vordergrund zu stehen hatte. Stattdessen legte er den klanglichen Fokus auf den Rhythmus – Schlagzeug, Perkussion, Bass und Bläser. Damit der Gesang dabei nicht zugedeckt wird, sind die Instrumentaltracks mit relativ viel Nachhall aufgenommen. Die drei eigens für diesen Zweck designten Echokammern des Labels – Leerräume mit schallreflektierenden Wänden zur separaten Hallerzeugung mittels Lautsprecher und Mikrofon – waren bei Aufnahmen immer gleichzeitig im Gebrauch. *Where Did Our Love Go* (1964) von den Supremes ist eine der Aufnahmen, in der dieses feinabgestufte Motown-Echo gut zu hören ist. Die um der Präsenz willen im 5-kHz-Bereich angehobenen Vokalparts sind zusätzlich mit einem Kompressor bearbeitet, sodass auch leisere Passagen oder einzelne Silben nicht zugedeckt werden und die Textverständlichkeit nicht leidet. Der Kompressor nimmt aber dem Gesang jede Natürlichkeit, da er die in der menschlichen Singstimme und ihrem Modulationsreichtum enthaltene Dynamik faktisch löscht. Horn griff zu einer höchst ungewöhnlichen Lösung, indem er die Vokalparts stets über zwei Kanäle auf zwei getrennte Spuren aufzeichnete. Auf der einen Spur lag der Gesang ohne, auf der anderen mit Kompressor. Die Singstimme war dann aus beiden Komponenten zusammengemischt. Damit bewegt sich der Vokalpart in den Motown-Produktionen buchstäblich eingesenkt in ein Klangbett, ohne jedoch an Kontur zu verlieren. Das kam einer Revolution gleich, denn ein derartig hochgeregeltes Klangbild, ohne dass der Gesang darin verschwand, war vorher noch nie zu hören gewesen. Das Konzept, den Vokalpart in den Gesamtsound einzubetten, statt ihn darüber zu legen, hat sich durchgesetzt.

Und noch eine Innovation kennzeichnete den Motown Sound, die dem untrüglichen Instinkt von Berry Gordy für die Erfordernisse des Marktes geschuldet war. Als erste Plattenfirma führte Motown eine Prozedur ein, die sich Quality Control nannte. Harold Keith Taylor, einer der Aufnahmeingenieure, dessen Aufzeichnungen wesentliche Einblicke in die Produktionsgeheimnisse des Motown Sound zu verdanken sind, erinnerte sich später: «Die fertigen Abmischungen kamen in die Freitag-Meetings, in denen Motowns Songschreiber, die Produzenten und die Firmenleitung entschieden, welcher Song veröffentlichungsreif war und welcher eine Nachbearbeitung notwendig hatte. In der Regel wurden die Songs von unterschiedlichen Ingenieuren in mehreren Versionen abgemischt, und es war eine Aufgabe der Quality Control, die beste Abmischung auszuwählen.» Ab 1964 erfolgte dieses Abhören nicht mehr über Studio-Monitorlautsprecher, sondern über die kleinen Transistorradio- und Jukeboxlautsprecher. Die Titel sollten dort ihre Klangqualität beweisen, wo sie gehört werden, statt mit High-End-Studiolautsprechern ein Klangergebnis vorzutäuschen, das es jenseits des Studios nicht gibt. Sehr zum Ärger der Aufnahmeingenieure schnitten die quäkenden Billiglautsprecher erbarmungslos die Tiefen weg und machten damit den Riesenaufwand, der bei der Aufnahme betrieben wurde, wieder zunichte. Lawrence Horn fand schließlich auch dafür eine Lösung, indem er bei der Abmischung auf ein psychoakustisches Phänomen zurückgriff. Das menschliche Ohr ergänzt nämlich den fehlenden Grundton eines Klangs, in dem es ihn aus den vorhandenen Klangbestandteilen gleichsam «errechnet». Es wird also ein Ton gehört, der real gar nicht vorhanden ist. Solche virtuellen Töne sind als Residualtöne schon seit dem Mittelalter bekannt. Sackpfeifen beispielsweise werden in reinen Quinten gestimmt, weil sie durch den sich dabei bildenden Residualton eine größere Klangfülle erhalten. Die gleiche Technik setzte Horn bei den Motown-Produktionen ein, um Tiefen hörbar zu machen, die die kleinen Lautsprecher der damals beliebten Transistorradios aufgrund ihrer Abmessungen gar nicht wiedergeben konnten. Der Klang wurde gefiltert, damit das belassene Obertonspektrum Residualtöne entstehen ließ. Die Popularität der Motown-Produktionen hatte wesentlich damit zu tun, dass sie für die damaligen Verhältnisse unglaublich gut klangen.

Der Motown Sound stellte in den 1960er selbst erfahrene Studioprofis vor Rätsel. Darüber hinaus mündete das einheitliche Sound-Design, das alle Motown-Titel auszeichnet, in ein Musikkonzept, das sich durch ebendiese Einzeltitel übergreifenden Klangarchitekturen definierte. Einen Namen machten sich damit in den 1970er Jahren die Philadelphia International Records mit ihrem Philly Sound. Im Prinzip war das eine Kopie des Motown-Konzepts, führte jedoch einen entscheidenden Schritt weiter. Das Verhältnis von Song und Klangform kehrte sich im Philly Sound um. Der Sound ist hier zum alles dominierenden Faktor geworden, die Songs als Instanzen konzipiert, die die Soundform repräsentieren. Das hatte Konsequenzen bis in die Produktionsweise hinein. Die Rhythmustracks entstanden als zentrale Komponente des Philly Sound häufig unabhängig von konkreten Songs in einem separaten Aufnahmeprozess, sodass sie bei Bedarf bereits fertig vorlagen. Auf den vorgefertigten Rhythmustracks erfolgte dann die Aufnahme des Vokalparts; die Instrumentaltracks wurden später hinzugefügt. Inzwischen ist bekannt, dass häufig Sessionsänger anstelle der ausgewiesenen Vokalgruppen vor dem Mikrofon standen, weil mit ihnen bessere Ergebnisse unter solchen laborartigen Aufnahmebedingungen erzielt werden konnten. Das gleiche Verfahren sorgte 1990 noch einmal nachhaltig für Furore, als der deutsche Pop/Dance-Produzent Frank Farian einräumen musste, dass die mit einem Grammy ausgezeichnete Produktion *Girl You Know It's True* (1989) nicht von den auf der Bühne unter dem Namen Milli Vanilli agierenden Models Fab Morvan und Rob Pilatus, sondern von Sessionsängern aufgenommen worden war.

Auch hinter dem Philly Sound stand ein Autoren- und Produzententeam: Kenny Gamble, Songschreiber und ehemaliger Leadsänger des Rhythm & Blues-Quintetts The Romeos, Leon Huff, ein profilierter Pianist, und Thom Bell, ein in Jamaika geborener Songschreiber und Produzent. Gamble und Huff waren zuvor freiberuflich als Soul-Produzenten u. a. für Wilson Pickett und Dusty Springfield tätig gewesen. 1971 gründeten sie Philadelphia International Records. Dieser hochtrabende Name für ein anfänglich reines Produzentenlabel rechtfertigte sich allenfalls dadurch, dass das Label von CBS Records finanziert war und sich dort auch im Vertrieb befand. Bell war dem Label bis 1974 als freiberuflicher Produzent verbunden und schuf dort gemeinsam mit Gamble und Huff die Grundlagen des Philadelphia Sounds. Aufgenommen wurde in Joe Tarsias Sigma Sound Studios in Philadelphia, anfangs eine Ein-Mann-Operation, die der passionierte Aufnahmeingenieur, der zuvor in diversen Studios als Service Techniker tätig war, 1968 eröffnet hatte. Später kamen mit Jim Gallagher und Peter Humphreys zwei Berufsanfänger als Assistenten hinzu. Gallagher hat sich in den 1980er Jahren als Aufnahmeingenieur und Produzent für Stevie Wonder einen Namen gemacht, Humphreys in gleicher Funktion für David Bowie. Ihre Meisterschaft erwarben sie sich jedoch als Mitkonstrukteure des Philly Sound.

Sigma Sound war das erste Studio, in dem 24-Spuraufnahmen möglich waren und ein halb automatisches Mischpult zur Verfügung stand. Da das Mitführen der Pegelregler bei der Abmischung von mehr als acht Kanälen per Hand nicht mehr möglich ist, erfolgte die Automatisierung bis zur Entwicklung computergestützter Mischkonsolen durch Stellmotoren. Es konnten sehr komplexe Klangbilder erstellt werden, indem solche Mischpulte die Bewegung der Schieberegler speicherten. Sie bewegten sich dann automatisch, wenn in einem weiteren Durchgang die nächsten Spuren eingestellt wurden. Kenny Gamble, Leon Huff und Thom Bell, die es als Autoren- und Produzententeam auf über 3000 Songs brachten, nutzten die in Tarsias Studio gegebenen Möglichkeiten, um ihre Produktionen mit opulenter Perkussion und üppigen Streicher- und Bläserarrangements anzureichern. Allein die zwölfköpfige Perkusssiongruppe belegte bereits ein gutes Drittel der Spuren. Verantwortlich für die aufwendigen Arrangements war eine Reihe von In-House-Arrangeuren – Bobby Martin, Norman Harris, Ronnie Baker, Earl Young, Bobby Eli und Vince Montana –, die der dreißigköpfigen Gruppe von Studiomusikern angehörten. Trotz der ungewöhnlich großen Zahl von Mitwirkenden blieb der Philly Sound mit den galoppierenden Rhythmen von Congas und Bongos, den mechanisch in Sechzehnteln durchgeschlagenen Becken, den geöffneten Hi-Hats auf den unbetonten Zählzeiten (sliding hi-hats), den donnernden Basslines, den markanten Bläserriffs und flächigen Streicherteppichen auch im Arrangement in sich konsistent. Das war hauptsächlich den exzellenten Sessionmusikern zu verdanken. Zu ihnen gehörte auch eine zehnköpfige Bläsergruppe aus gestandenen Jazz-Musikern, stark besetzt mit Saxofonen, Posaunen, Trompeten, Flöten, Oboen und Waldhorn. Die nicht minder stilprägende Gruppe aus zwölf Streichern war vom renommierten Philadelphia Orchestra ausgeliehen.

*Back Stabbers* (1972) und *Love Train* (1972) der O'Jays, *If You Don't Know Me By Now* (1972) mit Harold Melvin and the Blue Notes und Billy Pauls *Me and Mrs. Jones* (1972) katapultierten den Funk- und Soul-basierten Philly Sound buchstäblich über Nacht an die Spitze der amerikanischen Pop- und Rhythm & Blues-Charts. Bereits im zweiten Jahr seiner Existenz waren die Philadelphia International Records der zweitgrößte Musikkonzern des Landes in afroamerikanischer Hand. Die Studiomusiker des Labels veröffentlichten unter dem Signum MFSB (Mother, Father, Sisters, Brothers) auch eigene Aufnahmen. Ihre erste Single, *TSOP (The Sound of Philadelphia)* (1974) mit dem Soul-Trio The Three Degrees als Background-Chor, wurde zum Inbegriff des Philly Sound und machte das Soundmodell auch international bekannt. Die B-Seite der Single, *Love Is the Message*, war ein prototypischer Disco-Hit. Das Hi-Hat-dominierte Schlagzeug von Earl Young, dessen Spiel eine maschinengleiche Präzision besaß und damit eines der Kennzeichen des Disco Sound vorwegnahm, gehörte zu den markanten Merkmalen der Philly-Produktionen. Da diese Gleichmäßigkeit den DJs die Aneinanderreihung von Titeln zu einem rhythmisch pulsierenden Klangstrom sehr erleichterte, eroberte der Philly Sound die Diskotheken im Sturm.

Nach einem Zerwürfnis mit Gamble und Huff wanderten 1976 einige der Schlüsselfiguren der Session Crew, darunter Arrangeur und Vibrafonist Vince Montana, Gitarrist und Arrangeur Norman Harris, Bassgitarrist und Arrangeur Ronnie Baker sowie Schlagzeuger Earl Young, zu dem New Yorker Label

Salsoul ab. Hier erschien dann eine der ersten Produktionen im Disco Sound, aufgenommen noch in Philadelphias Sigma Sound Studios, aber in New York veröffentlicht: Double Exposures *Ten Percent* (1976). Die Aufnahme ist auf einer Maxi Single erschienen, eine Platte im LP-Format aber mit einer Wiedergabegeschwindigkeit von 45 Umdrehungen pro Minute. Der weiter geführte Schnitt der Rille erlaubte eine größere Auslenkung der Nadel und damit deutlich mehr Druck in den Bässen. Mit ihrer auf rund 17 Minuten verlängerten Spielzeit, gegenüber den maximal viereinhalb Minuten der Standard-Single, stellte sie das optimale Medium für Produktionen dar, die erst im Mix der DJs zu leben anfingen. Das Klangdesign von *Ten Percent* stellte mit der Tiefenbetonung im Klangbild sowie der hallfreien, «trockenen» Aufnahme von Schlagzeug und Bass eine folgerichtige Fortentwicklung des Philly-Sounds dar. Mit diesem Klangprofil war auch bei Abstrahlung in weiten Räumen eine größtmögliche Präsenz der gleichmäßig pulsierenden Bass-Drum im 4/4-Metrum (*four-to-the-floor*) gewährleistet. Abgehackte, springende Bassformeln in Funky-Manier, vielschichtige Perkussionseffekte und ein synthetischer Streicherbackground als klangliche Mitte bildeten zusammen mit dem typischen Disco-Beat eine Gesamttextur, in der der floskelhafte Gesang als Melodieträger eher im Hintergrund steht.

Disco Sound war ein weit weniger exklusives Soundmodell als Motown und Philly, die als klangliches Markenzeichen für die hinter den Produktionen stehenden Plattenfirmen fungierten. Das Konzept, die Einzeltitel nicht mehr als für sich stehende Entitäten zu produzieren, sondern als Instanz eines Klangdesigns aufzufassen, das sich erst im Klangstrom des DJ-Mixes entfaltet, hatten sich inzwischen mehrere Firmen zu eigen gemacht. TK Records aus dem sonnigen Florida machte mit George McCraes *Rock Your Baby* (1974), einem frühen Disco-Hit auf sich aufmerksam, dem KC & the Sunshine Band mit einer bis in die 1990er Jahre anhaltenden Serie von Disco-Hits folgten. Auch Atlantic Records war mit Chic und Sister Sledge die Transformation des Atlantic Sounds ins Disco-Zeitalter gelungen. Zu einer der Zentralfiguren des Disco Sound reüssierte jedoch der in München residierende italienische Produzent Giorgio Moroder. Seine 1969 gegründeten Musicland Studios gehörten zu den ersten Adressen unter den Aufnahmestudios in Europa. Betreut von dem deutschen Toningenieur und Produzenten Reinhold Mack entstanden hier wegweisende Aufnahmen mit Queen, Led Zeppelin und dem Electric Light Orchestra. Moroder hatte als Sänger in den Jahren zuvor schon eine Reihe von Hits, darunter *Looky Looky* (1969), eine Pop-Tanznummer im Bubblegum-Stil, die ihm seine erste Goldene Schallplatte einbrachte. 1977 veröffentlichte er mit *From Here to Eternity* eines der ersten reinen Synthesizer-Alben, das in den 1980er Jahren großen Einfluss auf die House- und Techno-Produzenten nahm. Doch verewigt hat er sich mit einer Disco-Produktion, die er im Sommer 1976 für sein Label Oasis Records produzierte – Donna Summers *Love to Love You Baby*.

Die farbige Sängerin war Ende der 1960er Jahre als Musical-Sängerin mit dem Broadway Musical *Hair* nach Deutschland gekommen. Moroder lernte sie 1974 bei einer Produktion der amerikanischen Rockband Three Dog Night kennen, bei der sie als Background-Sängerin im Studio stand. Noch im gleichen Jahr erschien in den Niederlanden ein Album mit Moroder-Songs unter dem Titel *Lady of the Night*, das allerdings kaum Resonanz fand. Auch *Love To Love You Baby* war zunächst nur ein moderater Erfolg beschieden. Als Neil Bogart, Eigentümer der New Yorker Casablanca Records und Vertriebspartner für Moroders Oasis-Label in den USA, den Titel hörte, regte er die Produktion einer 17-minütigen Langversion für den inzwischen etablierten Disco-Markt an. Die erschien dann im August 1975 auf Casablanca Records und wurde über Nacht zu einem Welthit. Der Disco Sound hatte seine idealtypische Realisierung erfahren. Der die Songform weit hinter sich lassende, eher gestöhnte und gehauchte als gesungene Titel war musikalisch zwar nichts anderes als eine Nachahmung des Philly Sound, erhielt jedoch durch die dominanten Synthesizerlinien anstelle der Bläser und Streicher und das durchlaufende Hi-Hat-Pattern, mit dem er auch beginnt, einen völlig anderen Klangcharakter. Die überladene Dichte des Philly Sound mit seinen satten Klangfarben ist hier durch eine transparente Vielschichtigkeit und eine suggestive Weiträumigkeit des Klangbilds ersetzt. Diese unterstreicht die Betonung der Höhen und Tiefen bei nur spärlich besetzten und dezent platzierten Mitten zusätzlich. Auch der Nachfolge-Hit, Donna Summers *I Feel Love* (1977), lebte von Moroders subtilem Klangdesign. Über den vollständig mit komplex programmierten Analogsynthesizern produzierten Rhythmusmustern und floskelhaften melodischen Patterns steht ein Vokalpart von ausgesuchter klanglicher Raffinesse. Donna Summers Stimme pendelt innerhalb jeder Phrase klanglich zwischen trockener Sprödheit, dezentem Choruseffekt, leichtem Hall und einem Nachhall, in dem sich ihre Stimme nahezu verliert. Nie zuvor ist eine Vokallinie mittels einer künstlichen Raumperspektive moduliert worden. Stilprägend war Moroder auch mit den im Klangbild weiträumig aufgefächerten, mechanisch wirkenden Rhythmusmustern.

Als 1977 Paramount mit dem Musikfilm *Saturday Night Fever* von John Badham mit John Travolta in der Hauptrolle und Musik von den Bee Gees herauskam, der den Diskotheken so unvergleichliche Hits wie *Stayin' Alive*, *Night Fever* und *How Deep Is Your Love* bescherte, war die Disco-Welle nicht mehr zu bremsen. Ihr Produzent Albhy Galuten hat in *Stayin' Alive* das erste Mal einem Titel statt Schlagzeug und Perkussion einen Drum Loop unterlegt, ein mit einem MicroComposer der japanischen Firma Roland erstelltes Rhythmuspattern, das die Maschine auf Knopfdruck endlos wiederholt. Solche maschinell generierten Schleifen (Loops) sollten schon bald im Detroit Techno und in Chicagos House Music eine konstitutive Rolle spielen.

In den folgenden Jahren überschwemmten Tausende von Produktionen im Disco Sound den Markt, angesichts von Moroders Welterfolgen als Euro-Disco nun auch aus europäischen Studios (Silver Convention, ABBA, Boney M., Dschinghis Khan, Amanda Lear etc.). Da es beim Disco Sound um das reine, nur mit einer Rhythmusformel verbundene Klangdesign geht, ließ sich eine Vielzahl von musikalischen Stilen in diesem Sound produzieren. Dabei dominierten in der Regel die Studioprojekte. Keine andere Musikform ist so auf das Studio und den

Produzenten fokussiert wie Disco. Aufwendig hergestellt mit den ab Mitte der 1970er Jahre verfügbaren 32-Spurmaschinen und einer entsprechend großen Zahl von Studiomusikern, die die häufig ausufernden Streicher- und Bläserarrangements einspielten, war dieser Sound live nur mit unvertretbar hohen Kosten reproduzierbar. Andererseits gehört Disco zu den ersten Musikformen, die zwar im Radio gespielt und auf Platte vertrieben wurden, aber erst in den Live-Mixen der DJs zu ihrer eigentlichen Bestimmung fanden. Mit dem Disco Sound etablierte sich eine neue Form des Musizierens.

Zu den Pionieren der DJ-Mixe mittels zweier Plattenspieler, Crossfader, DJ-Mischpult und Hilfsmitteln wie Pitch Control am Plattenspieler zur Feinabstimmung der Tempi gehörten die New Yorker DJs David Mancuso, Steve D'Aquisto, Walter Gibbons und Francis Grasso. Auf Grasso geht das Slip-cueing zurück, eine wichtige Voraussetzung für das Musizieren mittels des Plattenspielers. Dabei befindet sich zwischen Platte und Plattenteller eine Filzscheibe, sodass die Platte mit der Hand angehalten werden kann, während sich der Plattenteller weiterdreht. Wird sie freigegeben, läuft der Track ohne Verzögerung auf den Schlag genau wieder an. Mit dieser Technik war es möglich, Breaks, Phrasen oder auch nur kleine Segmente der Disco-Produktionen zu neuer Musik zusammenzumischen. Turntablism war geboren, der Plattenspieler zum Musikinstrument geworden. Damit sollte ein neues musikalisches Zeitalter anbrechen. Sampling, Mix und Remix wurden dessen Credo.

## 7. Eine Revolution von oben – Big Sounds und Big Business

Der Vorwurf, dass Musik «kommerziell» sei, der selbstredend immer die Musik der anderen meint, gehört zu jenen ideologischen Stereotypen, die nachgerade reflexhaft ins Spiel kommen, wenn das Verhältnis von Musik und Markt in den Blick gerät.

Strikt genommen ist im Pop-Universum freilich alles kommerziell, denn die Songs werden per Tonträger oder Audiodatei in Warenform vertrieben. Nichts anderes meint der Begriff Kommerz: Musik als Handelsware. Damit ist der Unterschied zwischen einem marktbeherrschenden Major-Label, das weitgehend indifferent gegenüber der Musik auf den Gesamtumsatz fokussiert ist, und einem kleinen Musiker-Label, das sich einer bestimmten Musikrichtung verpflichtet sieht, keineswegs übersehen. Nur besagt dieser eben nicht, dass die kleinen, als Indies bekannten Labels mit ihrem chronischen Geld- und Ressourcenmangel der Verwirklichung kreativer musikalischer Ideen aufgeschlossener gegenüberstünden als die großen, mithin weniger kommerziell seien. Häufig ist aus purem Geldmangel das Gegenteil der Fall. Dass kleine Labels trotzdem innovativer sind, hat einen strukturellen Grund. Da hier oft schon wenige hundert verkaufte Einheiten ausreichen, um die Kosten zu decken, können auch musikalische Projekte realisiert werden, die unterm Strich nur wenig Umsatz generieren. Die Großen der Branche dagegen bedienen als Tochterunternehmen Produktlinien innerhalb oligopolistisch organisierter Konzernstrukturen, die wie Universal Music Group im Firmenverband der französischen Vivendi SA oder Sony Music Entertainment als Teil der Sony Inc. Profite für deren Investoren zu erwirtschaften haben, sofern sie sich nicht direkt in den Händen spekulativer Kapitaleigner befinden. So gehört die Warner Music Group, die seit 2004 als selbstständige Aktiengesellschaft am Finanzmarkt operiert, zu 93 Prozent institutionellen Anliegern und hochspekulativen Fondsgesellschaften. Die Majors verfügen damit über enorme finanzielle Ressourcen, mit denen jene transnationalen Netzwerke geknüpft werden konnten, über die sich der globale Austausch von Musik vollzieht. Der aber ist ebenso Voraussetzung für die lokale Produktion von Musik, die von den global zirkulierenden Musikströmen gespeist ist, auch wenn sie sich davon abzusetzen sucht.

Die Großen der Branche organisieren den musikalischen Mainstream, auf den 2015 rund 68 Prozent des weltweiten Gesamtumsatzes von 15 Mrd. US-Dollar entfielen. Sie haben allerdings schon einmal bessere Zeiten gesehen. 1999 etwa war der weltweit erzielte Gesamtumsatz mit 40,53 Mrd. US-Dollar deutlich höher. Doch viel entscheidender als akkumulierte Umsatzzahlen sind die Strukturen, in denen sie erwirtschaftet werden. Mit der Universal Music Group, Sony Music Entertainment und der Warner Music Group sind es noch ganze drei Firmenkonglomerate, denen der weit größte Teil der heute zirkulierenden Musik gehört. BMG, die Bertelsmann Music Group, die sich seit 1986 als einziger deutscher Vertreter unter den Global Playern befand, ist im August 2008 aus dem operativen Musikgeschäft ausgestiegen und firmiert seither als Rechte-Dienstleister unter BMG Rights Management. Ein Irrtum ist es jedoch, von diesem hohen Konzentrationsgrad der Musikindustrie auf eine uneingeschränkte Marktmacht zu schließen. Ganz im Gegenteil: Die Strukturen zeugen von den zunehmenden Schwierigkeiten, auf den Tonträgermärkten profitabel zu agieren. Je tiefer die Hörer Musik in ihren Alltag einbinden, wo sie als Ressource der Sinnfindung und Identitätsproduktion fungiert, desto kostspieliger, weil unkalkulierbarer ist ihre Bewirtschaftung. Der Verband der britischen Tonträgerindustrie, British Phonographic Industry, ermittelte beispielsweise für 1977, dass sich nur eine von neun Singles und sogar nur eine von 16 LPs, das sind elf beziehungsweise sechs Prozent der herausgebrachten Platten, mit Gewinn verkauften, obwohl es damals im Durchschnitt nicht mehr als 23 000 verkaufter Platten zur Kostendeckung bedurfte. Auch heute spielen von 100 veröffentlichten Songs 90 noch nicht einmal die Produktionskosten ein, und nur drei sind so erfolgreich, dass sie den Rest mitfinanzieren. Die in den 1960er Jahren aufgekommene Strategie, dann eben einen möglichst großen Teil dieses unwägbaren Terrains zu besetzen, sprich einen hohen Marktanteil anzustreben, hatte eine Welle von Firmenzusammenschlüssen und -übernahmen zur Folge. Dicht verflochtene Konglomerate aus Dutzenden von Einzelfirmen wurden die Regel. Noch 2008 vereinigte beispielsweise die EMI, die 2011 mit dem Verkauf der Tonträgersparte an Universal zerschlagen wurde, 70 Labels in 40 Ländern mit mehr als 14 000 Künstlern unter ihrem Dach. Das hat die Abhängigkeit vom Massenerfolg allerdings nur vergrößert und eine horizontale Diversifikation ausgelöst, die auf eine Ausdehnung der Verwertungskette und eine Optimierung der Marketing- und Vertriebswege zielte. Columbia Records ist das älteste und größte Label auf dem amerikanischen Markt. Mit Duke Ellington, Billie Holiday, Bob Dylan, Janis Joplin oder Bruce Springsteen und Tausenden anderer bekannter Künstler hat es ein Jahrhundert Musikgeschichte geschrieben. Ende der 1960er Jahre befand es sich im Verbund der CBS Recording Group neben den CBS Radio Networks und CBS TV Networks unter anderem mit den folgenden Unternehmen gemeinsam unter dem Dach von CBS, dem Columbia Broadcasting Systems: den Buchverlagen Holt, Rinehart & Winston sowie W. B. Saunders und Fawcett Publications (CBS Publishing), den Musikinstrumentenherstellern Steinway (Flügel und Klaviere), Rhodes (E-Pianos), Rogers (Schlagzeuge) und Fender (Gitarren) (CBS Musical Instruments) sowie den Discount Record Stores und dem Phonogerätehersteller Pacific Stereo HiFi. Im Prinzip lag damit die komplette Verwertungskette in einer Hand. Die EMI, die in den 1960er Jahren durch die Beatles zu einem der umsatzstärksten Musikunternehmen geworden war, besaß neben ihrem flächendeckenden Engagement im Medienbereich Kinoketten, Freizeitklubs und Produktionsstätten für Elektroartikel, sodass es in Großbritannien nahezu unmöglich war, in welcher Form auch immer Musik zu hören, ohne dass die EMI dabei mitverdiente, und sei es auch nur durch das Wechseln der Batterien im Rekorder. Das britische Traditionsunternehmen war dann auch das erste in diesem exklusiven Klub der Global Player, das sich 1979 mit der Flucht unter das Dach von Thorn Electrical Industries Ltd., einem in Raumfahrt und Rüstung engagierten Elektrokonzern, eine beinahe unerschöpfliche Kapitalquelle sicherte und damit die nächste Runde im Kampf der Giganten um Marktanteile auslöste.

Im Verlauf der 1980er Jahre entstanden mit Sony Music Entertainment, Time-Warner, der Bertelsmann Music Group und Thorn EMI, denen Mitte der 1990er Jahre schließlich die Universal Music Group folgte, damals als Bestandteil des kanadischen Mischkonzerns Seagram, die Grundlagen der heutigen Strukturen. Diese sind auf Kosteneffizienz, tief gestaffelte Verwertungsketten und möglichst flexibles Reagieren auf die zu Zielgruppen aggregierten Musikkonsumenten hin angelegt. Doch weil die Investoren hochgesteckte Umsatzerwartungen mit ihren Neuerwerbungen verbanden, die nur durch eine kostspielige Erhöhung von Marktanteilen – mehr Produkt-Output, höhere Werbekosten – zu erzielen waren, verteuerte sich paradoxerweise der Gesamtprozess, ohne dass sich an der Sache selbst das Geringste änderte. Die Kosten, eine Platte erfolgreich auf dem Markt zu platzieren, explodierten. Die völlig überzogenen Renditeerwartungen – 20 Prozent im Schnitt – lösten einen erbarmungslosen Verdrängungswettbewerb aus. Reichte Mitte der 1960er Jahre ein Werbebudget von einigen Tausend Dollar, so bedarf es heute mehrerer Hunderttausend, um einer Neuveröffentlichung eine faire Chance am Markt zu geben. Tommy LiPuma, Chairman der Verve Music Group, eines namhaften Jazz-Labels, das heute zur Universal Music Group gehört, beschrieb die Situation in seinem Musikbereich, der eher am unteren Ende der Skala angesiedelt ist, 2004 mit den Worten: «Es gibt nicht eine Platte, die wir herausbringen – und ich rede hier von Jazz-Platten –, bei der uns das Marketing nicht mindestens 50 000 bis 75 000 Dollar kostet. An der Spitze (bei jemandem wie Diana Krall [kanadische Jazzpianistin u. -sängerin, PW]) kann das bis in eine Höhe von 2 Millionen gehen.» Solche Kostenexplosionen lassen sich natürlich nicht an den Konsumenten weitergeben. Das ist auch gar nicht nötig, denn sie werden mit den Tantiemen der Musiker und Bands beglichen. Sie erhalten ihre Anteile am Umsatz der Platte grundsätzlich erst dann ausgezahlt, wenn die Firmen die Produktions- und Vertriebskosten wieder eingespielt haben. Dabei gehen vom Preis einer CD ohnehin nur durchschnittlich 8 Prozent an die Künstler, während 49 Prozent dem Label zukommen, der Rest verteilt sich auf Herstellung (8 Prozent), Vertrieb (5 Prozent) und Handel (30 Prozent). Während einer Anhörung vor dem U.S. House of Representatives zu den Folgen des Internets mit Vertretern der diversen Interessengruppen der Musikbranche im Mai 2000 brachte der Rapper Chuck D (Carlton Douglas Ridenhour) als Vertreter der Künstler die Situation mit den Worten auf den Punkt: «Ich hatte einen Vertrag mit Universal ... und deren Anwalt sagte zu mir ‹Chuck, Du hast zwar Millionen Platten verkauft, aber Du wirst niemals einen Cent davon sehen, denn Du hast Schulden bei uns› [...] Ich komme in dem digitalen System selbst dann besser weg, wenn ich nur 10 Kopien verkaufe, auch wenn 100 Leute, 1000 oder 1 000 000 Leute sich meine Musik umsonst holen.» (United States Congress: 19)

In diesen Entwicklungsphasen der Musikindustrie ist der Mainstream auf eine jeweils andere Weise organisiert worden, was sich natürlich auch in seinem musikalischen Erscheinungsbild niedergeschlagen hat. Bis Mitte der 1960er Jahre war das Konzept integrativ, das heißt, man konzentrierte sich auf solche Produktionen, die als kleinster gemeinsamer Nenner eine möglichst große Zahl von Käufern erreichten. Im Ergebnis befand sich in den USA unter allen Nr.1-Singles des Jahres 1962 Elvis Presley beispielsweise nur noch einmal und das mit einem Titel, *Good Luck Charm*, der kaum noch etwas von seiner Vergangenheit erkennen ließ. Die Stars unter den Sternchen hießen jetzt Ricky Nelson, Fabian, Bobby Rydell, Bobby Darin, Connie Francis, Paul Anka oder Frankie Avalon. Sie verkörperten, kaum dem Teenageralter entwachsen, ein Jugendbild, das sich mit den Begriffen «gefällig», «sauber», «ordentlich», «freundlich» und «nett» umschreiben lässt. Der Rock'n'Roll mit seinem Schmuddelimage von schwitzenden Farbigen, animalischem Sex und im Auto fummelnden Teenagern mutierte dagegen unter der Bezeichnung Twist zu einem gymnastischen Party-Vergnügen für Jung und Alt gleichermaßen. Als Tanzstil war das mit den herausgereckten und mechanisch rotierenden Hinterteilen die zur Bewegung gewordene Anpassung – unerotisch, schweißtreibend, albern. Zwar gab der Erfolg den Marktstrategen kurzfristig recht, denn gehört und gekauft wird immer nur, was Spaß und Sinn macht. Doch je mehr auf den Tonträgermärkten und in den Medien versucht wurde, einen Kompromiss einander ausschließender musikalischer und ästhetischer Konzepte zu suchen, umso stärker zerfiel der Markt in auseinanderdriftende Segmente. Der traditionelle Pop-Song, der in Deutschland Schlager heißt, und die energiegeladene Rhythmik des Rock'n'Roll ließen sich nun einmal nicht wirklich auf einen gemeinsamen Nenner bringen. Die gospelbeeinflussten Produktionen von Phil Spector wie das *He's a Rebel* (1963) oder *Da Doo Ron Ron* (1963) der Crystals, Elvis Presleys *Return to Sender* (1963) oder Chubby Checkers *Limbo Rock* (1963), das futuristische *Telstar* (1963) der britischen Tornados, Motown-Produktionen wie Stevie Wonders *Fingertips* (1963) und Atlantic Soul wie Ray Charles' *I Can't Stop Loving You* (1963), die zur selben Zeit um die Spitzenposition der Charts konkurrierten, hatten musikalisch nichts mehr miteinander zu tun. Auch die Käufergruppen besaßen immer weniger Gemeinsamkeiten. Der kommerzielle Mainstream der Popmusik erschien mehr und mehr als Sammelsurium disparater Musikformen, wobei die Großen der Branche – damals die Columbia, RCA Victor, Capitol und Decca, in Europa EMI, Teldec und Polydor – zunehmend Absatzmöglichkeiten verloren. Atlantic, Motown, Mercury oder Pye und London Records in England waren zwar vergleichsweise klein und deckten mit ihren Produktionen nur bestimmte Segmente ab, befanden sich Anfang der 1960er Jahre aber unaufhaltsam auf dem Vormarsch. Parallel dazu etablierten sich immer deutlicher voneinander abgegrenzte musikalische Communities. Die Bands der Hippiekommunen von der amerikanischen Westküste wie die Grateful Dead (Columbia, Arista) oder Jefferson Airplane (RCA), die Beatles (EMI), die Rolling Stones (Decca), Bob Dylan (Columbia), The Who (Brunswick), The Kinks (Pye) oder die Motown-Künstler hatten alle jeweils ihr eigenes Publikum. Und es tauchten ab der zweiten der Hälfte der 1960er Jahre ständig neue Trends auf wie die britischen Hard-Rock-Formationen, die Vorläufer des Heavy Metal, Deep Purple (Tetragrammaton), Led Zeppelin (Atlantic), Uriah Heep (Vertigo).

An die Stelle eines integrativen Konzeptes, um die Vielfalt in einem profitablen Mainstream zu bündeln, trat ab Mitte der 1960er Jahre ein expansives. Die Logik der Gewinnmaximierung setzt dabei nicht mehr am Produkt, also an der Musik an, sondern konzentriert sich auf dessen Vermarktung. Äußeres Zeichen dafür war die Umstellung von der Single auf das Album, das nun ins Zentrum der Musikverwertung rückte. Das Album-Format basiert auf dem Bundle-Prinzip, bei dem ein oder zwei Songs, die als Singleauskopplung das Album promoten, den Rest mitverkaufen. Die Großen der Branche wandelten sich mit dieser Neuausrichtung nun zu reinen Musikverwertern, die das, was sie verwerteten, von Musikproduktionsfirmen per Lizenzvertrag anmieteten oder ankauften. Die firmeneigenen Studios, in denen einmal Musikgeschichte geschrieben worden war, wie das legendäre Studio der Columbia Records in New York oder das New Yorker Pythian Temple Studio von Decca, wurden geschlossen oder als selbstständige Unternehmen ausgegliedert. Anstatt auf einige wenige erfolgversprechende Produktionen zu fokussieren, verbreiterte sich die Produktpalette durch Übernahmen und Label-Deals nahezu ins Uferlose, bei gleichzeitiger Optimierung und Vereinheitlichung von Marketing und Vertrieb. Die musikalischen Alternativen wurden nicht vom Markt gedrängt, sondern dem eigenen Portfolio einverleibt. Der Pop-Mainstream präsentiert sich damit nicht mehr als musikalische Synthese aus unabhängig voneinander entwickelten Musikformen, sondern die disparate Vielfalt ist jetzt nach dem Supermarktprinzip in einen vereinheitlichenden medialen Kontext gestellt. Fernsehformate wie *American Bandstand* oder das britische *Top of the Pops* – in Deutschland der 1965 auf Sendung gegangene *Beat-Club* von Radio Bremen – und Radioformate wie das chartbasierte *Contemporary Hit Radio* (*CHR*) werden jetzt zum Maß der Dinge. Mainstream ist, was darin vorkommt, und das konnte nun im Prinzip alles sein.

*American Bandstand* lieferte das Modell für dieses musikalische Supermarktkonzept. Die an Jugendliche adressierte TV-Show ging erstmals 1952 über Philadelphias Fernsehstation WFIL-TV auf Sendung. Ab 1956 wurde sie über die Senderkette der ABC-TV Networks an jedem Wochentag im Vorabendprogramm landesweit ausgestrahlt. Dick Clark hat das Konzept der Show bis zum Ende im Oktober 1989 als Moderator und

Executive Producer geprägt. Das Prinzip war ebenso simpel wie attraktiv. Die Stars mimten vor den Kameras lippensynchron ihre Hits, zu denen im Studio eine handverlesene Gruppe von Teenagern tanzte. Die in den ersten Jahren wie für den Tanzstundenball gestylten Jugendlichen, von der Sendeleitung auf Etikette getrimmt, sollten Signalwirkung haben. «Ihr Hausfrauen da draußen, stellt das Bügeleisen zur Seite und gesellt euch zu uns, wenn ihr könnt», war einer jener Sprüche Dick Clarks, mit denen er die Nation wissen ließ: Die Jugend ist zwar ein bisschen verrückt, aber insgesamt doch ganz manierlich. Als die Produktion Anfang 1964 aus Philadelphia in das ABC Television Center nach Los Angeles verlagert wurde, änderte sich das Konzept. Fortan lief die Sendung nur noch einmal in der Woche am Sonnabendnachmittag. Das formelle Tanzstundenambiente wich nun einer einigermaßen realistischen Party-Atmosphäre und die Musikauswahl wurde auf größtmögliche Vielfalt umgestellt. Dick Clark erklärte später: «Ich mache keine Kultur, ich verkaufe sie. Ich bin der Kaufmann. Die Regale sind leer und ich stelle lediglich die Waren hinein. Ich bin dabei weder Pro noch Kontra.» Otis Redding, die Beatles, Martha and the Vandellas, die Beach Boys, die Animals, James Brown, Jefferson Airplane, Steppenwolf, Michael Jackson – sie alle stellten sich hier mit dem obligaten einen Titel vor die Kamera, für dessen Auswahl die Plattenfirma zuständig war. Bis Anfang der 1980er Jahre fehlten nur wenige unter den ganz großen Namen in der schier endlosen Reihe der Stars, die bei *American Bandstand* in den knapp 40 Jahren seines Bestehens auftraten. Bob Dylan, die Rolling Stones, Jimi Hendrix und Janis Joplin gehörten zu denen, die sich verweigerten.

Unterschiedslos vereinen solche Programmformate, was eigentlich nicht zusammengehört. Diese Beliebigkeit erodiert die kulturellen Kontexte, in denen die Musik jeweils verankert ist. Ohne sinngebende Bezüge repräsentieren die Songs nichts anderes mehr als ihre eigene vergängliche Präsenz. Nach dem musikalischen Mainstream mit einem mehr oder weniger breiten Rand polarisierte sich das musikalische Geschehen. Es entstanden jene subkulturellen Gegenbewegungen, die als Substream mit ihren eigenen medialen Infrastrukturen der Tendenz zur Beliebigkeit durch Differenz und verbindliche kulturelle Codes entgegenwirken.

Erneut schien sich ein nicht unerheblicher Teil des Marktes der Verwertungslogik der Majors zu entziehen. Hinzu kam die erste große Krise der Musikindustrie seit den kriegsbedingten Einschnitten in den 1940er Jahren. Nach einer lang anhaltenden Phase ununterbrochenen Wachstums gingen 1979 die Umsatzzahlen erstmals auf breiter Front zurück. 1980 sank der Verkauf von Langspielplatten auf das Niveau von 1972. Die Ursachen waren vielfältig, sie hatten mit der Verteuerung des Erdöls als Ausgangsrohstoff für die Vinylherstellung ebenso zu tun wie mit der Einführung neuer Technologien. Die Audiokassette setzte als privates Kopiermedium die Plattenfirmen unter Druck. Die British Phonographic Industry, der Verband der britischen Tonträgerindustrie, ließ 1981 verlauten, dass die britische Musikindustrie 1980 durch private Kassettenumschnitte von Schallplatten pro Tag (!) mehr als eine Million Pfund Sterling Umsatz eingebüßt habe. Die beklagten Verluste, sofern denn realistisch, verbuchten die gleichen Unternehmen allerdings als Gewinn in den Phonogeräteabteilungen und Kassettenwerken. Als viel gravierender erwies sich der Umstand, dass der demografische Wandel die Expansion der Musikmärkte aufhielt. War 1967 die Hälfte der US-Bevölkerung unter 25 Jahren und fiel damit in diejenige Gruppe, die am intensivsten Tonträger kaufte, so hatte sich das Bild 15 Jahre später drastisch gewandelt. Jetzt war das gleiche Bevölkerungssegment um die vierzig und dominierte die Konsumgütermärkte mit einem Kaufverhalten, das ihrem Alter und Familienstand entsprach, während sich der Anteil der unter 25-Jährigen an der Bevölkerungsstruktur fast halbiert hatte. Lediglich auf Massenabsatz ausgerichtete Konzepte griffen vor diesem Hintergrund nicht mehr. Es brauchte einen völlig anderen Ansatz, um die Musikmärkte auch weiterhin profitabel zu bewirtschaften. Fortan setzte sich ein zielgruppenorientiertes Konzept durch, das sich im Kern bis heute erhalten hat. Seither wird der Markt mit neuen Produkten und Produktkategorien (Musikstilen), die auf genau umrissene Zielgruppen stellen, förmlich überschüttet. Eine immer kleiner werdende Zahl von immer schneller verschlissenen Superstars ragt nun aus einem breit gefächerten, aber kurzlebigen Repertoire heraus. Die Lebenszeit der Produkte hat sich extrem verkürzt, was wiederum die Umlaufgeschwindigkeit des eingesetzten Kapitals dramatisch beschleunigt hat. Ein Song, wenn er erfolgreich ist, besteht heute nicht länger als maximal sechs Wochen. Jedes größere Label kommt inzwischen pro Woche mit vier bis sechs Neuveröffentlichungen auf den Markt – hauptsächlich Alben mit je zwölf bis 15 Songs. Hochgerechnet auf ein Unternehmen wie Universal Music mit seinen diversen Labels sind das zum Beispiel in Deutschland über 100 Neuerscheinungen oder mehr als 1000 Einzeltitel pro Woche allein von diesem einen Anbieter. Die Absatzzahlen liegen, von den ganz wenigen Ausnahmen der Superstars abgesehen, auf dem deutschen Markt zwischen 5000 und 20 000 verkauften Einheiten. Doch auch wenn der durchschnittliche Gewinn pro Titel eher gering ist: Je häufiger das eingesetzte Kapital mit immer neuen Produkten zirkuliert, umso höher der Gewinn. Die Kleinteiligkeit der Zielgruppen wird mehr als wettgemacht durch die Summierung der Gewinnzyklen innerhalb eines gegebenen Zeitraums. Das Gesetz der Ökonomie der großen Zahl, wonach die Gewinnmaximierung durch Senkung der Stückkosten über die Erhöhung von Absatzzahlen erfolgt – die Masse es also macht (economies of scale) –, wurde von einer Strategie abgelöst, die auf Effizienz und Umlaufgeschwindigkeit des investierten Kapitals setzt (economies of scope). Eine Rendite von zehn Mal zwei Prozent im Vierteljahr sind auch zwanzig Prozent. Aus dem Mainstream ist damit ein «Mainstream der Minderheiten» (Holert/Terkessidis) geworden.

Symptomatisch dafür war 1981 der Start von *MTV: Music Television*. Im Vorfeld dieses Musikvideo-Kanals ist erstmals in der Geschichte der Musikindustrie aufwendig Marktforschung betrieben worden. 80 Millionen Dollar sind in die Marktvorbereitung von MTV geflossen. Das Konzept wurde durch ein Firmenkonsortium bestehend aus Warner Communication, American Express und RCA Telecommunications – die Warner-Amex-

Satellite-Entertainment-Company (WASEC) – umgesetzt. Mit Warner und RCA waren die Mutterunternehmen von zwei der drei US-Major-Labels direkt an diesem Projekt beteiligt. Im Kern ging es dabei darum, jene Gruppe potenzieller jugendlicher Plattenkäufer aus den Mittelschichten anzusprechen, die zwar zahlenmäßig nicht sehr groß, aber konsumfreudig ist. Nur war diese Gruppe mit den herkömmlichen Methoden der Tour-Promotion nicht zu erreichen, da diese Jugendlichen aus begüterten Elternhäusern in den Randgebieten fernab der Stadtzentren lebten, wo die Konzerte stattfanden. Musikfernsehen schien die ideale Lösung und brachte zudem den Vorteil, über die Videoclips Musik als Bestandteil eines Lebensstils zu vermarkten. Das Programmformat bot die optimale Werbefläche für ein Ensemble aus Konsumgütern, über das sich die jugendlichen Zuschauer definierten. Künstler wie Michael Jackson, David Bowie, Boy George, Duran Duran, Madonna, Eurythmics oder Britney Spears wurden in dem Programmumfeld des Musikfernsehens als Marken aufgebaut, jedes ihrer Alben als Beitrag zur Markenidentität konzipiert und jeder Hit als Unique Selling Proposition (USP) im Markenkonzept verankert. Branding heißt der Prozess der Markenproduktion im Jargon der Industrie, um den sich auch im Musikgeschäft inzwischen alles dreht. Darin ist den Songs nun jede Eigenständigkeit genommen. Eingebettet in immer dichter vernetzte Verwertungsketten fungieren sie als Anker der jeweiligen Marke. Die Klangkonzepte selbst sind zum Bestandteil des Markenaufbaus und der Markenführung geworden, was mit dem Musizieren in herkömmlicher Form nicht mehr viel zu tun hat. Ausgangspunkt auch für das Musizieren ist jetzt eine aus dem Markenkonzept abgeleitete Design-Idee, für die im Studio der passende Sound erstellt wird. Die Melodiegestalt der Songs ergibt sich aus dem Klangdesign, das seinerseits ein Ergebnis komplex verschalteter Apparateketten in den Aufnahmestudios sowie des Ideenreichtums der Produzenten, Toningenieure und Softwareentwickler ist, die die digitalen Audio-Tools programmieren. Die Digitaltechnik hat das Musizieren herkömmlicher Art mit maschinengenerierten Tonfolgen verbunden oder durch solche ersetzt. Die singenden Stars liefern ihrerseits nur noch klangliches Rohmaterial, das in das Design des Ganzen eingepasst wird. War einmal der Song der Ausgangspunkt, seine technische Realisation im Studio der Weg, ihm eine konkrete Gestalt zu geben, und seine Vermarktung der Versuch, ihn möglichst profitabel der Öffentlichkeit zu präsentieren, so hat sich dieser Prozess inzwischen umgekehrt. Aus dem Markendesign leitet sich das Klangdesign ab, und dies gibt dem Song einen musikalischen Rahmen vor, der optimal auf den als kulturelles Event angelegten Marketing-Prozess mit dem Musikvideo im Zentrum bezogen ist. Auch hier haben also funktionsoptimierte Strukturen die Oberhand über die Sache selbst gewonnen. Folgerichtig wurden mit gecasteten Bands wie Backstreet Boys, 'N Sync, Take That oder in Deutschland No Angels und Preluders auch die Künstler dieser Logik unterworfen.

In dem solcher Art organisierten Mainstream verlieren die Songs paradoxerweise immer mehr an Bedeutung, obwohl es vor allem darum geht, Hits zu produzieren. Doch in der Hit-Maschine der Gegenwart verleihen die Songs den Verwertungsketten nur noch eine temporäre Identität. Dabei nehmen die multiplen Versionen eines gemeinsamen Titels ihrerseits den Songs die Einzigartigkeit. So gibt es die meisten Hits inzwischen in zahlreichen Erscheinungsformen, im Klangdesign an die verschiedenen Verbreitungsmedien angepasst, von der Radioversion über die Singleversion bis zur Video- und MP3-Version, zu denen dann noch Mixe und Remixe für diverse Einsatzzwecke kommen (Dance-Mix, Club-Mix, Radio-Mix etc.). Tim Renner, bis 2004 Präsident und CEO (Chief Executive Officer) von Universal Music Deutschland, schrieb in einer aufschlussreichen Bilanz mit dem bezeichnenden Titel *Kinder, der Tod ist gar nicht so schlimm! Über die Zukunft der Musik- und Medienindustrie*: «Statt Künstler mit dauerhaftem Wert aufzubauen, investierten die Musikfirmen jede Menge Zeit und viel Geld in den Aufbau von Marken, die ihnen noch nicht einmal gehörten. Der Ergebnisdruck, den sie zu spüren bekamen, war immer ein kurzfristiger; der Aufbau von Werten ist aber eine Angelegenheit, die viel Zeit braucht. Die Fixierung auf Hit-Compilations als Schwerpunkt des Geschäfts gleicht eigentlich dem Pilotenspiel. Wer zuerst in der Kanzel sitzt, kassiert ab – die Mehrheit der Beteiligten verliert. Der Kollaps ist unausweichlich …»

## 8. Schon wieder eine Revolution – Die Ravende Gesellschaft

Diesmal kam der Wandel fast unbemerkt und sollte doch einer der tiefgreifendsten Umbruchprozesse in der Geschichte der Popmusik werden. In Manhattans Nachtklubszene, wo die subkulturellen ‚Milieus von Homosexuellen, Afroamerikanern und Puertorikanern, die Nobel-Arenen der Schickeria zum Sehen und Gesehenwerden und die zahllosen Amüsiertempel für jedermann in einem permanenten Austausch stehen, fusionierten die Körperkulte in den Schwulendiskos und der Glamour des Euro-Disco zu einer Massenbewegung, die nur ein einziges Credo kannte: «Dance, Dance, Dance!» – so auch der Titel eines symptomatischen Hits aus dem Jahr 1977 von der Disco-Band Chic. Edel-Diskotheken wie das legendäre «Studio 54», ein ursprünglich von CBS zum Fernsehstudio umgebautes ehemaliges Theater in der 54. Straße unweit des Broadway, das 1977 zum Disco-Palast mutierte, spielten eine zentrale Rolle in diesem Transformationsprozess. Nachdem Rolling-Stones-Frontmann Mick Jagger das Haus kurz nach der Eröffnung im Mai 1977 für die Geburtstagsparty von Ehefrau Bianca gemietet und ihm damit höhere Weihen verliehen hatte, wurde es zu einem Promi-Treff, auf dessen Gästeliste in den folgenden Jahren kaum einer der Namen fehlte, die der schillernden Pop-Welt ihren Glanz verleihen. Madonna stand hier als Go-Go-Girl, Background-Sängerin und Tänzerin für Patrick «Born to Be Alive» Hernandez, wie der französische Sänger und DJ nach seinem gigantischen Hit von 1979 treffend genannt wurde, auf der Bühne, bevor sie 1982 mit ihrem Solo-Debüt *Everybody* selbst einen Dancefloor-Hit landete, mit dem sie ihre phänomenale Karriere begann.

Als subkultureller Gegenpol zum «Studio 54» profilierte sich die Diskothek «Paradise Garage», eine ehemalige LKW-Werkstatt in Lower Manhattan. Albert Goldman hat das Ambiente des 1976 eröffneten Klubs beschrieben: «Wenn man an die ‹Bar› kommt, eine große, nackte, leere Fläche, staunt man über die riesigen pornografischen Wandgemälde, die vom Boden bis zur Decke reichen und griechische und trojanische Krieger bei sadomasochistischen Kampfspielen zeigen. Auf der größeren Tanzfläche finden sich die durchgeknalltesten Tänzer der ganzen Disco-Szene: die schwarzen und puertorikanischen Gays, nackt bis auf die Unterhemden und Jeans-Shorts, die ihre Körper wild hin und her schwenken, während aus ihren Gesäßtaschen lange Schweißtücher hängen, die wie Pferdeschweife fliegen.» Der Discjockey, der hier an jedem Wochenende Platten auflegte, nannte sich Larry Levan (eigentl. Lawrence Philpot) und war wie kaum ein anderer in der Lage, die energetischen Kräfte von Klang und Rhythmus in die flüchtige Vision einer Welt aus Euphorie und Glückseligkeit umzuwandeln. 1983 erklärte er einem Journalisten: «Im Tanz steckt eine Botschaft – in der Art und Weise, wie man fühlte, in den Muskeln, die man bewegt; aber das haben nur bestimmte Platten.» (Shaphiro: 262) Levans Mixturen aus Disco, Soul, Gospel, Electronic Rock und Reggae lebten vor allem von einem einzigartigen, direkt auf den Körper bezogenen Sound. Er war ein Magier der Regler und entlockte der Tonanlage nicht nur bis dato ungehörte Bass- und Höhenlevel, sondern begann als erster mit den unhörbaren, den gesamten Körper in Vibration versetzenden subsonischen Tiefenregionen zu arbeiten. Sein Mix-Stil wurde zum Fundament der elektronischen Tanzmusik, die schon bald einer neuen Generation den Soundtrack zum Heranwachsen lieferte.

Garage, so der Name dieser Musik-Mixtur, war das Synonym für eine hochenergetische, die klanglichen Extremregionen betonende Tanzmusik, die das «Paradise Garage» als kreatives Zentrum bis zu seiner Schließung 1987 an die Spitze der zahllosen Homosexuellen-Klubs in New York katapultierte. Allerdings zielten die rhythmischen und klanglichen Extreme nicht nur auf ein Körperbewusstsein, das die von den dröhnenden

Bässen und explosiven Beats ausgelösten Adrenalinschübe in Bewegung umsetzte. Die Musik richtete sich direkt auf das vegetative Nervensystem, das durch eine chemische Substanz namens 3,4-Methylendioxymethylamphetamin oder MDMA – besser bekannt als Ecstasy oder XTC – besonders rezeptiv für die Interaktion mit den durch Klang ausgelösten Adrenalinschüben gemacht worden war. Dabei handelt es sich um eine empathogene Designerdroge, deren Herstellung und Verbreitung in den USA bis 1980 noch weitgehend legal erfolgte. Im Unterschied zu den halluzinogenen Drogen wie LSD, womit die Hippies sich seinerzeit ihre Version der Welt in «Love and Peace» zurechtträumten, ist MDMA eine Substanz, die weder den Bewusstseinszustand verändert noch Halluzinationen auslöst. Trotzdem wurde sie als Rauschmittel im Sinne des Drogengesetzes eingestuft und zu einer ständigen Begleiterscheinung in den Diskotheken, vor allem aufgrund des Nebeneffekts dieses psychischen Blockadelösers. MDMA hat auch für die Bewegungsmotorik eine lösende Wirkung, sodass der Körper ganz direkt an die rhythmisch pulsierenden Klangmuster der Musik angeschlossen scheint.

In den New Yorker Gay-Klubs tauchte MDMA Mitte der 1970er Jahre auf und Levan, der mit drei Plattenspielern und zwei Tape Decks arbeitete, war einer der ersten DJs, der seinen Mix ganz auf die Wechselwirkung von Klang, Pharmazie und Bewegung abstellte. Er ging mit fast wissenschaftlicher Gründlichkeit vor, um die Wirkung der verschiedenen Klangregionen auf die Tänzer zu erkunden, fand immer neue Tricks, mit denen er aus den Platten, die er auflegte, herausholte, was an Energie in ihnen steckte. Die nach seinen Wünschen zusammengestellte und ständig verbesserte Wiedergabeanlage im «Paradise Garage» war legendär. Konzipiert und gebaut von Richard Long, einem der ersten Dance Club Sound Designer, hatte sie eine auf die Erfordernisse der Diskothek abgestellte 4-Wege-Frequenzweiche als Rückgrat. Dieser Eigenbau teilt das Signal, getrennt nach Höhen, Mitten, Tiefen und den subsonischen Bereich, auf die Boxen auf. In Zusammenarbeit mit dem Akustiker Alan Fierstein, der ein spezielles Time-Delay-System zum Ausgleich der Laufzeitdifferenzen beisteuerte und für die Boxen-Anordnung zuständig war, sorgte Long für ein spektakuläres Klangerlebnis von unbeschreiblicher Wucht. Fierstein hatte dafür einen speziellen Basslautsprecher konzipiert, der als Levan Horn in die Geschichte eingegangen ist und Bassfrequenzen bis unter 20 Hz mit einem enormen Schalldruck abstrahlen konnte. Levan erschloss damit ein noch unbekanntes Terrain, auf dem Rhythmus, Klang und Körper eine Symbiose eingingen, die einen Keil zwischen das Bewusstsein der Tänzer und ihre Körper trieb. Gleichsam neben sich stehend und doch bei sich seiend entdeckten sie den Körper als eine Ressource, dessen Energien durch Musik wie durch einen Transformator in die Höhe getrieben werden konnten.

Levan war nicht der einzige, aber ohne Zweifel der beste unter den New Yorker DJs, die aus den Gay-Klubs ein kulturelles Laboratorium der Zukunft machten. Hier wurden die wichtigsten musikalischen Neuerungen der folgenden Jahre entwickelt. Levan hatte eine Formel gefunden, die rasch Schule machte. Neben der Symbiose von Bewegung, Klang und Körper kultivierte er artistische Mixturen, in denen die damals gängigen Hits der Diskotheken zum bloßen Material für eine subversive Form des Lustgewinns umgearbeitet wurden. Er spielte die Songs nicht mehr ab, sondern bediente sich in seinen Mixen einzelner Phrasen, Breaks oder kurzer Akkordsequenzen, um daraus etwas Neues zu formen.

Aus New Yorks vielgestaltiger Diskotheken-Szene kam auch Frankie Knuckles, der zeitweise Larry Levan an den Reglern im «Paradise Garage» assistierte, bevor er 1977 nach Chicago ging, um hier im «Warehouse», einer Lagerhalle an der inneren Southside, Platten aufzulegen. Er erinnerte sich: «Es war eine hauptsächlich schwarze, hauptsächlich schwule Szene, sehr soulig, sehr spirituell. Für die meisten Leute, die dort hingingen, war das wie die Kirche. Das gab's nur an einem Tag in der Woche: Samstag nacht, Sonntag morgen, Sonntag nachmittag. In der Anfangszeit, zwischen '77 und '81 waren die Parties unheimlich intensiv.» (Collin/Godfrey: 29) Nicht zuletzt durch ihn hatte der Klub, von seinen Anhängern schlicht «The House» genannt, einen so legendären Ruf, dass eine Musikrichtung danach benannt wurde – House Music – und Knuckles den Beinamen «Godfather of House» erhielt. Auch hier stand ein von Richard Long entwickeltes Sound System. Während die New Yorker Szene ganz darauf konzentriert war, die Hit-Singles zu demontieren, um aus dem isolierten Material etwas kreativ Neues zu machen, begannen sich in Chicago kleine Labels darauf zu spezialisieren, den Discjockeys entsprechend vorgemischtes Material auf Tonträgern bereitzustellen. Sie knüpften dabei an die inzwischen etablierte Praxis der DJs an, solche Mixe in ihren Pausen laufen zu lassen. Schon 1972 hatte Tom Moulton, Gelegenheits-DJ und Model – Camels Version des Marlboro-Manns – die ersten vorgefertigten Mixe auf Band hergestellt und sich dann mit der Verlängerung von Hits für die Zwecke der DJs einen Namen gemacht. Gloria Gaynors Album *Never Can Say Goodbye* (1975) enthält auf einer Seite einen der ersten dieser sogenannten Megamixe von Tom Moulton, basierend auf ihren Single-Hits *Honey Bee*, *Never Can Say Goodbye* und *Reach Out, I'll Be There*. Ende der 1970er Jahre war dann Frankie Knuckles einer der ersten DJs, der solches vorgemischte Material vom Band zur Grundlage seiner Live-Mixe machte und mit Plattenteller und Crossfader weiteren Schichten darüber legte. Knuckles zerlegte das Ausgangsmaterial am Tonband bis zur völligen Unkenntlichkeit, isolierte mit der Schere Klänge und montierte mit Klebeband aus ihnen perkussive Strukturen, die durch den Schnitt hinter jedem Ton einen knalligen, elektrisierenden Charakter erhielten. Er reicherte das Material zudem mit sequenzergenerierten Patterns und Perkussiontracks an und montierte daraus Endlosschleifen – Loops. Die Welt der Klänge wurde von Grund auf neu durchforscht, um ihnen rhythmische Effekte und motorische Energien abzugewinnen, die die Tänzer in frenetische Bewegung umsetzten. Der herkömmliche Song verschwand aus dieser Musik, und mit ihm wurde eine Konzeption des Musikmachens und Musikhörens außer Kraft gesetzt, die bei allen Modifikationen die Entwicklung der Popmusik bis dahin unangefochten dominiert hatte. Tracks hießen die überwiegend gesangslosen Stücke nun, ein Begriff aus der Kinematographie für die neben dem Bild aufbelichtete Tonspur, im Kontext der Musikproduktion die Tonspur auf Band. Die Verselbstständigung als Bezeichnung für die vorfabrizierten DJ-Mixe betont den Charakter des Halbfertigen. Entscheidend ist hier die Veranstaltung in ihrer Gesamtheit, das Event, und nicht der isolierte Musiktitel. Genau darin aber lag die Subversion: Was nur noch im Live-Event existiert, lässt sich auch nicht mehr abpacken und als Hit verkaufen. Die Musikindustrie stand außen vor.

Neben dem harten, durch abrupte Abrisse und Scratching geräuschintensiven Mix-Stil der Hip-Hop-DJs und dem weichen, auf Überblendeffekte angelegten Blend Mixing im Disco-Sound, hatte sich ein weiterer Mix-Stil herausgebildet, der die Musik von innen veränderte. An die Stelle der Gliederung des musikalischen Ablaufs in jeweils geschlossene Abschnitte, die zu einem Gebilde verknüpft werden, trat nun ein Flussmodell mit übereinandergelegten und gegeneinander verschobenen Schichten, mit kontinuierlich sich auf- und abbauenden Spannungen. Kettenartige Reihungen von Einzelelementen ließen einen Klangstrom entstehen, den die manisch pulsierenden Rhythmusmuster vorantrieben. Für die Organisation des klanglichen Ablaufs spielten statt Rhythmus, Melodie, Chorus oder Refrain nun Begriffe wie Loop, Level, Layer, Line und Plateau eine entscheidende Rolle.

Wichtige Anregungen hierfür kamen aus Detroit, wo etwa zur selben Zeit Technikfreaks wie Juan Atkins und der sich 3070 nennende Richard Davis, die gemeinsam unter dem Namen Cybotron veröffentlichten, an einem neuartigen Electro-Sound bastelten. Sie knüpften dabei an den durch Synthesizer und Vocoder geprägten Electro Funk von Afrika Bambaataa, Mantronix und Planet Patrol an, der im Umfeld des Hip-Hop entstanden war. Atkins sowie die beiden begeisterten Klubgänger Derrick May und Kevin Saunderson transformierten die Electro-Funk-Produktionen durch technische Verfremdungen in eine Science-fiction-Version ihrer selbst. Hierfür schien der von dem Zukunftsforscher Alvin Toffler in seinem einflussreichen Buch «The Third Wave» geprägte Begriff «Techno» – er spricht von «Techno-Rebellen», um die neuen Kreativitätsformen zu beschreiben – wie geschaffen. Auf die Musik wurde er allerdings erst rückwirkend in England übertragen, als Virgin Records 1988 auf seinem Label 10 Records ein Kompilationsalbum mit Produktionen aus Detroit unter dem Titel *Techno! The New Dance Sound of Detroit* veröffentlichte. In den USA firmierten die Klangbasteleien aus den Wohnzimmerlabors technikbegeisterter Subkultur-Aktivisten dagegen schlicht als Electro. Vor allem das Trio Atkins, May und Saunderson schuf inmitten der niedergehenden Automobilmetropole Gebilde, die den Eindruck erweckten, als wollten sie jene Zukunft im Klang behaupten, die die an das Auto gebundene Stadt nicht mehr besaß. Mechanisch und roboterhaft fügten sich auf ihren Platten, die jeder für sich unter Fantasienamen wie Reese (Saunderson) und Rhythim Is Rhythim (May) oder Model 500 (Atkins) veröffentlichte, sequenzergenerierte Klangmuster aneinander, unter denen die knalligen Rhythmen der Drum-Computer donnerten. Vocoder-Stimmen und die «sägenden» Basslines des Analogsynthesizers gaben dem Electro-Sound aus Detroit seinen futuristischen Effekt, der nicht unwesentliche Anregungen auch den deutschen Klangingenieuren von Kraftwerk und ihren minimalistischen, roboterhaften Klangskulpturen (*Radio-Aktivität*, 1975; *Trans-Europa-Express*, 1977) verdankte.

In Chicagos Klub-Szene wurde den sterilen Techno-Produktionen aus Detroit Leben eingehaucht. Die DJs transformierten die avantgardistischen Klangexperimente in eine körperbezogene hyperkinetische Tanzmusik. Als Mitte der 1980er Jahre die Preise für Synthesizer und Rhythmusmaschinen drastisch fielen, begannen immer mehr DJs, sich Rhythmustracks selbst herzustellen oder die blubbernden Drum-Computer mit entsprechenden Patterns zu programmieren, die ihnen, live auf die Tanzfläche gepumpt, eine Rhythmusunterlage für ihren Mix lieferten. Zu einem entscheidenden Faktor sollte dafür das 1983 mit Yamahas berühmtem digitalen Synthesizermodell DX7 auch in der Musikproduktion eingeleitete digitale Zeitalter werden. Buchstäblich über Nacht war der inzwischen auf beachtliche Dimensionen angewachsene Maschinenpark zur elektronischen Klangerzeugung und -manipulation in Analogtechnik obsolet geworden. Als Elektroschrott zu Tiefstpreisen verschleudert boten sich die ausgemusterten Geräte dazu an, in den Diskotheken das vegetative Nervensystem der Tänzer zu stimulieren. Insbesondere die von der Roland Corporation für den Massenmarkt entwickelten Produktlinien erfreuten sich, nachdem ihre ohnehin schon moderaten Preise ins Bodenlose sanken, bei den Klub-DJs außerordentlicher Beliebtheit. Regelrechten Kultstatus erhielt die TB-303 Bass Line von Roland, ein sequenzergesteuerter Bass-Synthesizer, der eine einmal eingegebene Tonfolge endlos reproduzieren konnte. Das Gerät war ursprünglich für solo auftretende Bar- und Kneipenmusiker als automatisierte Bassbegleitung entwickelt worden. Zusammen mit der Rhythmus-Maschine TR-606 von Roland stand eine komplette elektronische Begleitband zur Verfügung. Der einzige Nachteil: Der von Rauschgeneratoren erzeugte und dann zurechtgefilterte Klang besaß kaum Ähnlichkeit mit einem E-Bass oder einem Schlagzeug. Rolands TB-303 Bass Line hatte zudem ein derart kompliziert zu handhabendes Interface, dass das Gerät seine Bestimmung von vornherein verfehlte und schon kurze Zeit nach der Markteinführung seine Karriere in den Secondhandshops antrat. Ohne jedes Display, das eine Kontrolle der Eingaben erlaubt hätte, und mit Mehrfachbelegung der Knöpfe und Regler in Abhängigkeit vom Gerätezustand und Eingabestadium, war dieser Bass-Synthesizer am Markt vorbei konzipiert worden. Auf dem integrierten Minikeyboard musste zunächst die Tonfolge eingegeben werden, bevor nach Wechsel in einen anderen Eingabemodus jedem Ton ein rhythmischer Wert zugewiesen werden konnte. Das Umschalten in einen weiteren Eingabemodus erlaubte die Verteilung von Akzenten und Slideeffekten. Entsprach das Resultat nach zahllosen vergeblichen Versuchen endlich der erwarteten Bassfigur, dann klang sie unangenehm synthetisch, blubbernd und sägend. Neben dem verfremdeten Klang verhalf jedoch gerade das archaische Design der TB-303 zu ihrem Kultstatus unter den DJs. So schwierig es war, damit Basspatterns für einen bestimmten Song zu programmieren, so überraschend waren die Effekte, die dem Gerät entlockt werden konnten, wenn einfach nur daran herumgespielt wurde. Die

Popularität der TB-303, die Roland schon lange vom Markt genommen hatte, als die DJs sie ihrer angestaubten Schattenexistenz entrissen, führte schließlich sogar dazu, dass sie in den 1990er Jahren in einer geklonten Ausführung von verschiedenen Herstellern wieder zugänglich gemacht wurde.

Die TB-303 war ein Zwitterwesen, das, obwohl als ein elektronisches Gerät konzipiert, dem Musiker ein Höchstmaß an Kontrolle lassen wollte. Deswegen war die Programmierung so schwierig und komplex. Und gerade das machte sie schließlich dann so erfolgreich, wenn auch nicht für den ursprünglich intendierten Zweck. Die dazugehörige Rhythmusmaschine TR-606, auch unter der treffenden Bezeichnung Drumatix vermarktet, erlaubte dagegen nur das Abrufen vorgegebener Rhyhtmusmuster. Das Gerät war und blieb ein Flop. Der Nachfolger TR-808 zog schon mit der Bezeichnung als Rhythm Composer die Konsequenz. Er war im Unterschied zu den kurze Zeit später folgenden digitalen Geräten, die auf digitalisierten Schlagzeug-Samples basierten, ebenfalls noch ein von Oszillatoren und Rauschgeneratoren gesteuertes Gerät, dessen futuristischer Klang in 16 verschiedenen Grundsounds das Programmieren eigener Rhythmusmuster erlaubte, von denen bis zu 32 gespeichert und bei Bedarf abgerufen werden konnten. Damit war es das ideale Gerät, um in den Klubs den Musik-Mixen der DJs einen komplexen Dauer-Beat zu unterlegen.

Techno House nannte sich der Stil, der – inspiriert von den avantgardistischen Experimenten in Detroit – Ende der 1980er Jahre von Chicago aus die Jugendkultur zunächst in England und dann auch im übrigen Europa eroberte. Inzwischen waren selbst programmierte Basslines und Rhythmuspatterns als Unterlage für die Musik-Mixturen der DJs zum Standard geworden. Veröffentlicht auf Chicagoer Szene-Labels wie dem 1984 gegründeten Trax Records oder dem 1985 entstandenen DJ International, gelangten sie auf obskuren Wegen binnen kurzer Zeit in die europäischen Klubs und Diskotheken. Techno House trug das eigentümliche Gemeinschaftsgefühl, das auf der Basis eines homoerotischen Körperbewusstseins allein mit Rhythmus und Klang erzeugt wurde, in den heterosexuellen Mainstream der Jugendkultur. Wie Fäden spannten sich die pulsierenden Klänge zwischen die Körper der Tanzenden und vernetzten sie, bis sie wie ein einziger Organismus im Rhythmus der Musik vibrierten. Das Gemeinschaftsgefühl, das dabei produziert wird, ist im Unterschied zu dem Gemeinschaftskult des Rock absolut unideologisch. Es ist körperlich und unkörperlich zugleich, denn die enorme Intensivierung des Körpergefühls in der manisch vorangetriebenen Bewegung korrespondiert mit einer Entgrenzung des Körpers, seiner buchstäblichen Aufweichung in Schweiß, künstlichem Nebel und den zuckenden Blitzen des Stroboskops. Das englische «Tribe» ist der Szenebegriff, der diese Gemeinschaftsform mit einer futuristischen Science-Fiction-Atmosphäre aus High-Tech-Klängen und Laserlicht bezeichnet. Es ist die Neuerfindung von Gemeinschaft aus dem Urgrund des Körperlichen heraus, archaisch und futuristisch zugleich.

In England, wo die minimalistischen Produktionen aus den USA zusammen mit der Droge Ecstasy eintrafen, sprang dieses neuartige Gemeinschaftsgefühl in die Jugendkultur über. Die DJ-Produktionen aus Chicagos Gay-Klubs wie JM Silks *Jack Your Body* oder Marshall Jeffersons *Move Your Body* wurden von einem jugendlichen Publikum begeistert aufgenommen und auf Massenparties, hier «Raves» genannt, in einen Kult der Glückseligkeit umgesetzt. «One nation under one groove» lautete nun die Parole und die unaufhaltsame Renaissance der Hippie-Droge LSD fügte dem noch eine ganz eigene Dimension hinzu. Veranstaltungen waren nun nicht mehr nur der Rahmen für die Vorführung von Musik, sondern wurden zur sorgfältig inszenierten Produktion einer körperorientierten Gemeinschaftserfahrung. Raves sind eine Konstruktion von beweglichen Räumen aus taktilen, visuellen und klanglichen Komponenten, deren Fluchtlinien sich im gedachten Mittelpunkt des vibrierenden Organismus schneiden, zu dem die tanzenden Leiber verschmelzen. Sie finden deshalb bevorzugt an Orten statt, die wie leerstehende Lagerhallen oder ausgediente Fabrikhallen, häufig auch Freiflächen verschiedenster Art, den durch Rhythmus und Klang gestählten Körperritualen möglichst wenig Widerstand entgegensetzen. Das Line-Up der DJs, auf den Raves immer mehrere, projiziert auf die Ödnis einen kulturellen Raum, in dem die Körper wie Denkmale ihrer selbst in zuckender Bewegung zur Ausstellung gelangten. Aus der Kleidung wurden ausgesuchte Ganzkörperverpackungen, stilvoll im Design, schrill im Aussehen und bizarr in der Zusammenstellung.

In der sich neu formierenden Jugendkultur der Raves und Raver begannen sich die Linien bislang getrennt verlaufener Entwicklungen der Popkultur zu kreuzen. Die multiplen Bilderwelten der Pop-Videos lieferten jetzt die Codes, die auf der zum Experimentierfeld für musikalisch induzierte Körperkonstruktionen umfunktionierten Tanzfläche individuell umgesetzt wurden. Video-Stars wie Madonna feierten im kalten Lichtdesign der Diskotheken weniger mit ihren Songs als mit ihrem Outfit, das regelrecht zitiert wurde, ungeahnte Erfolge. Immer schneller lösten sich die modischen Inszenierungen in Form von Kleidung und unmittelbar auf den Körper aufgetragenen Darstellungsmitteln wie einer Bemalung ähnelndem Make-up, synthetischen Haarfärbungen, skulpturenartigen Frisuren und Piercing ab.

Sampling, das Digitalisieren in analoger Form vorliegender Klänge, hatte inzwischen die Möglichkeiten der DJs, neben dem Auflegen als Produzenten ihrer eigenen Tracks tätig zu werden, enorm erweitert. Mit dem Aufkommen erschwinglicher Sampler war kein Stück Musik mehr davor sicher, gesampelt und geloopt den immer komplexer werdenden Mixturen einverleibt zu werden. Entsprechende Sequenzer-Software und der Computer erleichterten die individuelle Musikproduktion im Wohnzimmer-Studio. Aus dem grenzenlos gewordenen Musik-Recycling gingen zunehmend Tracks mit einem durchaus eigenständigen Charakter hervor, die sich in Vinyl gepresst bald schon zu einem ebenso lebendigen wie obskuren Sektor des Tonträgermarktes auswuchsen. Oft mit Miniauflagen von nur wenigen Hundert Stück in Eigenregie herausgebracht, lieferten sie den DJs geeignetes Material zum Auflegen, die aus den Produkten dieses esoterischen Marktsegments systematisch höchst individuelle Kollektionen zusammenstellten. Einmal etabliert, differenzierte sich diese DJ-Musik mit geradezu atemberaubender Geschwindigkeit in stilistische Kategorien und Subkategorien aus. Was eben noch House Music geheißen hatte, nannte sich nun Acid House und unterschied sich von Deep House, Hip House, Ambient House und Garage House, wurde um Gabber und Jungle ergänzt, die ihrerseits zu Hardcore und Drum & Bass mutierten.

Als 1989 mit dem «real existierenden Sozialismus» die ehernen Zeugnisse des Kalten Krieges förmlich pulverisiert wurden, kam es in den bunkerbewehrten Zwischenwelten entlang des Mauerstreifens in Berlin zu einer Reanimierung der futuristischen Klangexperimente des Detroit Techno. Diese digitalisierte Variante gab den sich ausdifferenzierenden Dancefloor-Stilen schon bald einen verbindenden Namen – Techno. Zugleich vollzog sich im Umfeld der aufziehenden Techno-Kultur die fröhliche Auferstehung einer Idee, die in den Feuilletons gerade larmoyant begraben wurde. Unter dem Motto «Love, Peace and Unity» – oder in der Comic-Variante der Graffiti-Künstler «Arme und Beine aller Länder, vereinigt Euch!» – quoll aus den Kellern, Bunkern und verwaisten Werkhallen einstiger volkseigener Betriebsamkeit die Vision von der Raving Society. Es war eine Kreuzung aus Kreativität, Utopie und Ironie und dem buchhalterischen Realismus von Sponsoren, die wie der US-Tabakgigant Reynolds (Camel) gerade dabei waren, Szene-Marketing zur neuen Heilslehre zu erheben. Jürgen Laarmann, als Chef des Techno-Magazins *Frontpage* einer der erfolgreichsten Unternehmer der Rave-Wirtschaft und Szene-Guru, verkündete im Mai 1994 in einem Text, der als *Manifest der Ravenden Society* bekannt geworden ist: «Wir wollen unseren Spaß sofort und ohne Umwege. Wir wollen mehr erleben, die Farben riechen, den Sound schmecken, die Dinge fühlen, die Wahrheit sehen, die Lügen nicht glauben und das tun, was uns wirklich interessiert. Toleranz, Offenheit, Inspiration, Humor ..., Freude am Neuen und tiefe, inbrünstige Liebe zu dem und denen, die wir gut finden, sind unsere Charakterzüge. Wir setzen die zur Verfügung stehende Technik so ein, dass sie uns am meisten nützt ... Wir sehen in der Zukunft die ravende Gesellschaft, die Gesellschaft, die begreift, was wir heute sagen. Die gesellschaftlichen Folgen sind unabsehbar und werden mindestens so groß sein wie der gesellschaftliche Impact der Hippies auf die späten sechziger und siebziger Jahre. [...] Die ravende Gesellschaft mit lauter glücklichen Leuten, die mit ihrer Identität und Funktion zufrieden sind, genügend Spaß, gute Laune, Sex, gesundes Urteilsvermögen, hohes Selbstbewusstsein etc. haben, ist unser Ideal, dem wir näherkommen. ‹Do what you want to do› ist ein Ideal der achtziger Jahre, das erst jetzt verwirklicht wird.» Von der in der Techno-Szene agierenden Marketingfirma Megacult für den Zigarettenhersteller Reynolds in ein Aktionsprogramm übersetzt, hieß das dann kurz und bündig: «zusammen mit Techno weiterzugehen und zusammen größer zu werden».

Und groß geworden sind sie, Reynolds gewiss etwas mehr als Techno, aber am Ende bestimmen sie beide das Bild einer Kultur, die sich nur noch in eine einzige Richtung zu denken und zu bewegen vermag. «Konsum – Konsum von allem, was sich konsumieren lässt, der eigene Körper inklusive. Die Kinder der 68er haben den Emanzipationsanspruch ihrer Eltern aufgegriffen und ganz nach ihrem Vorbild, nur ohne die idealistischen Phrasen von einst, in einen hedonistischen Lebensstil umgesetzt, zu dem sie sich mit den sequenzergenerierten Loops und computergesteuerten Rhythmuspatterns einen angemessenen Soundtrack schufen. Es ist die schlimmste Form des Generationenkonfliktes, wenn die Kinder die Eltern nachahmen und dabei deren idealistische Illusionen in Ironie auflösen. Dass sich diese Generation mit der Berliner Love Parade ausgerechnet in Form eines totalitären Massenaufzugs selber feierte, der als politisch gemeinte Demonstration vor allem an der ausführlich diskutierten Höhe der Müllberge gemessen wurde, die er hinterließ, mag man als Sinnbild für den Wandel von Woodstock zu Raveland entweder optimistisch oder pessimistisch sehen. Auf jeden Fall aber zeigt es deutlich, dass nichts bleibt, wie es war, und nichts ist, was bleibt, oder, um es in der bildhaften Sprache der Fun-Generation zu formulieren: «The world raves on» – mit wackelndem Popo und martialischer Trillerpfeife im Mund.

## Epilog:
## Das Ende vom Lied

Es gibt kein letztes Wort in dieser immerwährenden Geschichte von den Heroen der Popkultur, die auszogen, die Welt zu verändern. Wer da meint, in der schrillen Pop-Diva Lady Gaga habe die Geschichte nun endgültig zu sich selbst gefunden, indem schon wieder die nächste Generation Heranwachsender in dieser emblematischen Verkörperung des gegenwärtigen Kulturzustands das eigene Gaga-Sein frenetisch feiert, der irrt. Zu den Zeichen der Zeit gehört, dass das vielschichtige Kulturensemble, zu dem die Popmusik geworden ist, höchst widersprüchliche Signale aussendet, die sich schon lange nicht mehr auf einen einzigen Nenner bringen lassen. Nur im kommerziellen Medienbild scheinen die Trends in immer rascherer Folge einander abzulösen. In der kulturellen Wirklichkeit koexistieren sie, verzahnen sich auch in ihren Widersprüchen. Selbst in den individuellen Rezeptionskontexten steht heute in trauter Eintracht nebeneinander, was sich früher einmal kategorisch ausschloss. Ein kultureller Alleinvertretungsanspruch ist auf dem Gebiet der Musik kaum noch durchsetzbar. In der grenzenlosen Welt der musikalischen Möglichkeiten, die nicht zuletzt das Internet bereithält, ist jetzt auch hörerseitig der Musik-Mix zum konstitutiven Element des Musikgebrauchs geworden. Mix Tapes, individuelle Titel-Zusammenstellungen auf Tonband-Kassette oder – trotz der Bezeichnung Tapes – auf selbst gebrannten CDs, waren schon in den 1980er Jahren eine wichtige Komponente der Jugendkulturen, um der eigenen Identität ein musikalisches Erscheinungsbild zu geben. Sie fungierten als eine Art musikalische Visitenkarten und bezeugten, dass sich der Kompilator erfolgreich dem kommerziellen Imperativ zu widersetzen vermochte. Die Musikauswahl musste nicht besonders erlesen sein; es kam auf Vielfalt und Kompetenz an. Heute, im Zeitalter von iPod und MP3-Player, sind Playlists an die Stelle solcher Mix Tapes getreten, individuell zusammengestellte Abspiellisten für die Tausenden von Audiodateien, die auf diesen Geräten gespeichert sind. Zwei Drittel der Heranwachsenden zwischen 13 und 16 Jahren hören inzwischen Musik mittels ihres Computers oder Smartphones, nur noch 15 Prozent nutzen dafür den CD-Player. Mehr als 8000 Songs hat jeder Jugendliche im Durchschnitt auf seiner Festplatte, knapp 2000 Tracks trägt er in mobiler Form auf seinem MP3-Player, iPod oder Handy mit sich herum. Das steht für ein ingesamt verändertes Verhältnis zur Musik, in dem der Einzelsong nur noch im Ausnahmefall als sich selbst genügende musikalische Entität wahrgenommen wird. Ansonsten ist er eine abrufbereite Ressource für die Komposition individueller Soundscapes, deren großer Vorteil nicht nur darin besteht, dass man sie der jeweiligen Gemütslage anpassen kann. Man trägt sie vor allem mühelos mit sich herum und blendet so die akustischen Zumutungen urbaner Lebensweise, vom Straßenlärm bis zum dauertelefonierenden Wichtigtuer, erfolgreich aus. Und man kann durch den Tausch von Playlists dem mentalen Surfen auf Klangströmen Varianten erschließen, die über die eigenen Möglichkeiten und musikalischen Kenntnisse hinausgehen. Die schiere Zahl der Songs stellt dafür ein unerschöpfliches Reservoir bereit. Es ist das domestizierte DJ-Prinzip, ins Massenverhalten konvertiert und auf Alltagstauglichkeit getrimmt.

Kulturkritische Larmoyanz ist angesichts der Entwicklung völlig unangebracht, zumal dieser Umgang mit Musik alles andere als unkreativ ist. Davon abgesehen erfreuen sich zur gleichen Zeit Live-Konzerte und damit die ganz unverstellte, fast schon traditionell zu nennende Begegnung mit Musik einer unerwarteten Renaissance. Der Verkauf von Konzerttickets nimmt trotz exorbitant gestiegener Preise seit 1997 unaufhörlich zu und umfasste einer Studie der UNESCO zufolge 2015 weltweit ein Volumen von 23 Milliarden Dollar. Allein 2015 betrug die Steigerungsrate gegenüber dem Vorjahr bezogen auf den Umsatz rund 30 Prozent, bezogen auf die Anzahl der verkauften Tickets rund 27 Prozent. Schon 2007 zog Madonna als erster

Star die Konsequenz aus dieser Entwicklung und verließ nicht nur ihre langjährige Plattenfirma Warner Music, sondern die Tonträgerindustrie insgesamt. Stattdessen schloss sie einen Zehn-Jahres-Vertrag mit dem kalifornischen Konzert- und Tournee-Veranstalter Live Nation, der diesem die Rechte an allen ihren musikbezogenen Aktivitäten überlässt.

Weder Stars noch Hits haben also ausgedient, auch wenn sich der Umgang mit Musik, der den Einzelsong zum Element in einem individuell organisierten Musik-Mix macht, unaufhaltsam durchsetzt. Allerdings braucht es inzwischen erhebliche Anstrengungen, um die Aufmerksamkeit des Hörers auf ein bestimmtes musikalisches Produkt zu lenken. Das ist nicht zuletzt auch eine fast zwangsläufige Konsequenz aus der inzwischen aberwitzigen Überproduktion von Musik. Allein auf dem deutschen Markt sind 2015 15 389 Popmusik-Alben mit durchschnittlich zwölf Songs und 133 861 CD-Singles mit durchschnittlich vier Songs, also reichlich zwei Millionen Songs neu erschienen. Pro Tag sind das fünfeinhalbtausend neue Songs!

Als 1999 der damals 19-jährige College-Student Shawn Fanning in Boston mit einer von ihm geschriebenen Software namens *Napster* für den Peer-to-Peer-(P2P)-Tausch von Musikdateien die erste Internet-Musiktauschbörse gleichen Namens eröffnete, stand dahinter nicht vordergründig die Idee, das urheberrechtlich problematische, von den Gerichten dann auch für illegal erklärte File-Sharing, den privaten Tausch von Musikdateien zu ermöglichen. Das hatte sich damals nämlich längst in einem solchen Ausmaß etabliert, dass vor allem an den Universitäten, die durch den Datentausch induzierte Serverlast zum Problem wurde. Was *Napster* so unwiderstehlich gemacht hat, dass sich bereits in den ersten Monaten nach dem Start mehr als 20 Millionen Nutzer registrieren ließen, war die Musiksuch- und -verwaltungsfunktion der Software. *Napster* war ein durchsuchbarer Index von Indexen, nämlich der entsprechend freigegebenen und gerade online stehenden Dateiverzeichnisse der User. Erstmals stand damit ein Instrument zur Navigation durch die unüberschaubar gewordene Menge an Musik zur Verfügung, die die globale Hitmaschinerie, sekundiert von den unzähligen Kleinanbietern, Tag für Tag auf den Markt pumpt. Mit dem 2003 gestarteten iTunes-Store und der Verwaltungssoftware iTunes von Apple etablierte sich der trägerlose Umgang mit Musik per Download, was die individuell erreichbare Menge an Musik ins Monströse wachsen ließ. Heute sind mit Musik-Flatrates von Downloadanbietern wie *MusicMonster*, *Napster*, *Jamba Music*, *Musicload* oder *Spotify* Millionen Songs für eine monatliche Grundgebühr von wenigen Euro per PC zugänglich. *Napster*, der legalisierte Nachfolger des «Ur-Napster», stellt für weniger als zehn Euro Monatsgebühr über vierzig Millionen Songs von 650 000 Künstlern zur Verfügung. Noch vor wenigen Jahren hätte auch ein Millionenvermögen nicht ausgereicht, von den logistischen Problemen der Unterbringung ganz abgesehen, sich eine solch unvorstellbare Menge an Musik individuell zugänglich zu machen.

Kaum überraschend also, dass es immer schwieriger wird, die Aufmerksamkeit auf einzelne Titel zu fokussieren, die als Hits die Maschinerie am Laufen halten. Vielmehr ist angesichts derartiger Größenordnungen nachvollziehbar, dass sich der einzelne Song in der grenzenlosen Vervielfachung seiner selbst zu verlieren beginnt und ein durch Playlists organisierter Klangstrom an dessen Stelle tritt. Warum nicht aus dem Vollen schöpfen, wo doch so viel Musik darauf wartet, gehört zu werden? Entsprechend großer Beliebtheit erfreuen sich dann auch Musikverwaltungsplattformen im Internet wie das in Schweden beheimatete spotify.com. Es verbindet Such-, Verwaltungs- und Navigationsfunktionen mit dem Austausch von Playlists und Titel-Links, die zugleich per Mausklick in soziale Netzwerke wie Facebook transformiert werden können. Dass sich daneben auch sehr eng definierte Vorlieben für jeweils einen einzelnen Star und seine Songs halten und die Partizipation an der Live-Musik zunimmt, ist kein Widerspruch, sondern Ausdruck der Unersetzbarkeit von Musik in den individuellen Lebenswelten.

Mit dem Zugang hat sich auch der Umgang mit Musik verändert. Symptomatisch dafür ist das Remix-Projekt des US-amerikanischen Rock-Megastars Trent Reznor, der 2008 mit großem Erfolg die Grenze in das interaktive Zeitalter der Musik überschritt. Vorbereitet hatte sich das freilich schon Jahre zuvor mit der wachsenden Popularität von nicht-autorisierten Wohnzimmer-Remixen und Mash-ups, der Kreation neuer Titel aus dem Zusammenschnitt von zwei vorhandenen, auch als «Bastard Pop» bekannt. Reznor, der als Multiinstrumentalist, Songwriter, Produzent und Sänger hinter der virtuellen Band Nine Inch Nails steht, hat als einer der ersten die 36 Titel seines 2008 erschienenen siebten Studioprojekts *Ghost I-IV* neben der herkömmlichen Form über sein Label Null Corporation auch auf seiner Web-Site nin.com zum kostenlosen Download veröffentlicht und für Remixe durch seine Fans freigegeben, unter der Voraussetzung, dass diese mit ihren Ergebnissen das Gleiche tun (Creative Commons Attribution Non-Commercial Share Alike License). Die Ergebnisse, weit über 100 Versionen, stehen in der Remix-Sektion der Plattform zum kostenlosen Abspiel und Download bereit. Parallel dazu lief seither ein «Nine Inch Nails Ghost Film Festival» auf YouTube, das dazu aufforderte, die auf 4 EPs veröffentlichten Titel mit selbst erstellten Video-Sequenzen zu visualisieren. Auf mehr als 1000 Musikvideos hat es das Projekt im Verlauf eines Jahres gebracht. Auch der 2010 gemeinsam mit Atticus Ross produzierte Soundtrack zu dem Kinofilm *The Social Network* (2010) von David Fincher ist von Trent Reznor für individuelle Remixe freigegeben worden, diesmal in Form der ungemischten Mehrspuraufnahmen einzelner Titel des Soundtracks.

Das Beispiel hat inzwischen Schule gemacht. Auf Websites wie remix.vg sind Tausende solcher «user generated» Remixe und Mash-ups geposted und stehen zum Download bereit. Buchstäblich täglich erscheinen im Internet neue musikbezogene Projekte – Blogs, Net Labels, Podcasts, Simulcasts und Audio-Streams bis hin zum Web-Radio, Download-Plattformen, File-Sharing-Hoster, Musikdienste und eine unüberschaubare Zahl von netzspezifischen Klangformen wie die Remixe und Mash-ups, die unter der Bezeichnung «user generated content» laufen und in soziale Netzwerke wie Facebook oder in YouTube integriert sind. YouTube, die Kombination aus sozialem Netzwerk und Videoplattform, hat mehr als 1,5 Milliarden Nutzer. Von den 300 Stunden Videomaterial, die jede Minute auf YouTube hochgeladen werden, sind 30 Prozent musikbezogen. 70 Prozent der 500 Millionen Stunden, die 2014 mit dem Betrachten von vier Milliarden Videos pro Tag verbracht wurden, entfielen auf Musikvideos. Ein Drittel dieser Videos generierte 99 Prozent aller YouTube-Klicks. Wenn die Revolutionsmetapher in Bezug auf Musik irgendwo angebracht ist, dann ganz gewiss hier. Ob sich in dieser Cyberwelt die Hoffnung erfüllt, wenn nicht mit der Gitarre in der Hand, so doch mit Maus und Keyboard bewaffnet dem Lauf der Dinge eine Wendung zu geben, die die Welt ein Stück lebenswerter macht, bleibt abzuwarten. Dass sich in der 2000 gegründeten Future of Music Coalition (futureofmusic.org) im Internet ein breites Bündnis an MusikerInnen, vom Rock-Star über den DJ bis zu den Angehörigen von Kammerensembles wie des renommierten Arditti Quartet zusammengefunden hat, um das Netz als eine Plattform des freien Austauschs von kreativen Ideen, des ungehinderten, aber fairen, also auch die wirtschaftlichen Interessen aller Seiten respektierenden Zugangs zu Musik zu bewahren, gibt der Hoffnung darauf mehr als nur einen vagen Grund. Immerhin ist es dieser in Washington, DC, beheimateten Initiative in den 15 Jahren ihres Bestehens gelungen, nach dem Prinzip «steter Tropfen höhlt den Stein» die rechtliche Stellung von Musikerinnen und Musikern gegenüber machtvollen Internet-Konzernen wie Google, der die Internet-Plattform YouTube betreibt, oder Facebook deutlich zu verbessern.

# Literatur

Bahanovich, David/Collopy, Dennis *Music Experience and Behaviour in Young People*, (University of Hertfordshire) Hatfield 2009

Banks, Jack, *Monopoly Television. MTV's Quest to Control the Music*, (Westview) Boulder, Oxford 1996

Beatles, *The Beatles Anthology*, (Chronicle Books) San Francisco 2000

Bianci, Paolo, *Subversion der Selbstbestimmung. Assoziationen im Spiegel von Kunst, Subkultur, Pop und Realwelt*, in: Kunstforum international, 134 (1996), Mai-September, S. 56–75

Brake, Mike, *Comparative Youth Culture. The Sociology of Youth Cultures and Youth Subcultures in America, Britain, and Canada*, (Routledge & K. Paul) London; Boston 1985

British Phonographic Industry, *BPI Year Book*, (British Phonographic Industry Limited) London 1981

Bundesverband Musikindustrie, *Musikindustrie in Zahlen*, (Bundesverband Musikindustrie) Berlin 2009

Chambers, Iain, *Urban Rhythms: Pop Music and Popular Culture*, (St. Martin's Press) New York 1985

Cleave, Maureen, *How Does a Beatle Live? John Lennon Lives Like This*, in: Evening Standard, 4. März 1966, S. 10

Collin, Matthew/Godfrey, John, *Altered State. The Story of Ecstasy Culture and Acid House*, (Serpent's Tail) London 1997

Cunningham, Mark, *Good Vibrations. A History of Record Production*, (Sanctuary) London 1998

Davies, Hunter, *The Beatles*, (McGraw-Hill) New York, 1985

Dawson, Jim, *Rock Around the Clock. The record that started the rock revolution!*, (Backbeat Books) San Francisco, Berkeley, CA 2005

Dennis, Bob, *Motown Recording Techniques*, in: Recording Engineer's Quarterly, 11 (1997), 4, S. 5–17

Eberly, Philip K., *Music in the Air. America's Changing Tastes in Popular Music, 1920–1980*, (Hastings House) New York 1982

Eisen, Jonathan, *The Age of Rock. Sounds of the American Cultural Revolution*, (Random House) New York, 1969

Emerick, Geoff, *Here, There and Everywhere. My Life Recording the Music of The Beatles*, (Gotham) New York 2006

Eno, Brian, *Pro Session: The Studio as Compositional Tool*, in: Down Beat, 50 (1983), S. 65–67

Ertegun, Ahmet M./Marcus, Greil/Richardson, Perry, *What'd I Say. The Atlantic Story – 50 Years of Music*, (Orion) London 2001

Escott, Colin/Hawkins, Martin, *Good Rockin' Tonight. Sun Records and the Birth of Rock 'n' Roll*, (St. Martin's Press) New York 1991

Fensch, Thomas, *The FBI Files on Elvis Presley*, (New Century Books) Woodlands, TX 2001

Fierstein, Alan/Long, Richard, *State-of-the-Art Discotheque Sound Systems – System Design and Acoustical Measurement*, in: Audio Engineering Soiety, 67. Convention, 31. Oktober – 3. November 1980, (AES) New York 1980, 1684 F-5

Fletcher, Colin, *Beats and Gangs on Merseyside*, in: New Society, 20. Februar 1964, S. 22–23

Floyd, John, *Sun Records. An Oral History*, (Avon Books) New York 1998

George, Nelson, *Where Did Our Love Go? The Rise and Fall of the Motown Sound*, (University of Illinois Press) Urbana 2007

Gleason, Ralph J., *Big Les & Little Sid*, in: Rolling Stone, 13. Februar 1975, S. 52

Goldman, Albert, *Disco*, (Hawthorn Books) New York 1978

Guinness World Records, *Guinness World Records*, (Guinness World Records) London 2000

Holert, Tom/Terkessidis, Mark (Hrsg.), *Mainstream der Minderheiten. Pop in der Kontrollgesellschaft*, (Ed. ID-Archiv) Berlin [u. a.] 1996

Inglis, Ian, *«I Read the News Today, Oh Boy». The British Press and the Beatles*, in: Popular Music and Society, 33 (2010), 4, S. 549–562

International Federation of the Phonographic Industry (IFPI), *The Recording Industry in Numbers*, (IFPI) London 2010

Jackson, Blair (Hrsg.), *Classic Tracks*, (= Mix Books, Bd. 10), (Penton) New York 2010

Jackson, John A., *A House on Fire. The Rise and Fall of Philadelphia Soul*, (Oxford University Press) Oxford; New York 2004

Johnson, Paul, *The Menace of Beatlism*, in: New Statesman, 28. Februar 1964, S. 326–327

Kane, Larry, *Ticket to Ride. Inside the Beatles' 1964 & 1965 Tours That Changed the World*, (Penguin Books) New York 2004

Krueger, Alan B., *The Economics of Real Superstars: The Market for Rock Concerts in the Material World*, in: Journal of Labor Economic, 23 (2005), 1, S. 1–30

Kusek, David/Leonhard, Gerd/Lindsay, Susan Gedutis, *The Future of Music. Manifesto for the Digital Music Revolution*, (Berklee Press) Boston 2005

Laarmann, Jürgen, *The Raving Society*, in: P. Anz u. P. Walder (Hrsg.), *Techno*, Zürich 1995, S. 217–219

Laing, Dave, *Recored Sales in the 1980s*, in: Popular Music, 9 (1990), 02, S. 235–236

LiPuma, Tommy, *Cycles and Spins in the Music Industry*, in: L. Kearns

(Hrsg.), *Inside the Minds. The Music Business,* (Aspatore Books) Boston 2004, S. 59–71

Marcuse, Herbert, *One-dimensional Man. Studies in the Ideology of Advanced Industrial Society*, (Beacon Press) Boston 1964

Martin, George, *Summer of Love: The Making of Sgt. Pepper*, (Macmillan) London 1994

Martin, George/Hornsby, Jeremy, *All You Need Is Ears*, (St. Martin's Press) New York 1979

Menn, Joseph, *All the Rave. The Rise and Fall of Shawn Fenning's Napster*, (Crown) New York 2003

Osgerby, Bill, *Understanding the «Jackpot Market» – Media, Marketing, and the Rise of the American Teenager*, in: P. E. Jamieson u. D. Romer (Hrsg.), *The Changing Portrayal of Adolescents in the Media since 1950* (Oxford University Press) Oxford. New York 2008

Pareles, Jon/Bashe, Patricia Romanowski, *The Rolling Stone Encyclopedia of Rock & Roll*, (Rolling Stone Press/Summit Books) New York 1983

Pichaske, David R., *A Generation In Motion. Popular Music and Culture in the Sixties*, (Schirmer Books) New York 1979

Redfern, Nicholas, *Celebrity Secrets: Government Files on the Rich and Famous*, (Paraview Pocket Books) New York 2007

Reighley, Kurt B., *Looking for the Perfect Beat. The Art and Culture of the DJ*, (Pocket Books) New York 2000

Renner, Tim, *Kinder, der Tod ist gar nicht so schlimm. Über die Zukunft der Musik- und Medienindustrie*, (Campus) Frankfurt/Main, New York 2004

Rubin, Jerry, *Do It! Scenarios of the Revolution*, (Simon and Schuster) New York, 1970

Scaping, Peter, *BPI Year Book. A Statistical Description of the British Record Industry*, (British Phonographic Industry Limited) London 1979

Seuss, Jürgen/Dommermuth, Gerold/Maier, Hans, *Beat in Liverpool*, (Europ. Verl.-Anst.) Frankfurt/Main 1965

Shapiro, Peter, *Turn the Beat Around. The Secret History of Disco*, (Faber and Faber) New York 2005

Shaw, Arnold, *The Rock Revolution*, (Crowell-Collier Press) New York 1969

Shore, Michael/Clark, Dick, *The History of American Bandstand*, (Ballantine Books) New York 1985

Slutsky, Allan, *The Drummers of Motown*, in: Modern Drummer, XXIII (1999), August, S. 32–35

Spizer, Bruce, *The Beatles are coming! The Birth of Beatlemania in America*, (498 Productions) New Orleans 2004

Taylor, Harold Keith, *The Motown Music Machine. A Candid Look at Motown's Success Formula*, (Jadmeg) Winter Park, FL 2003

Toffler, Alvin, *The Third Wave*, (Bantam Books) New York 1981

United States Congress, House of Representatives, Committee on Small Business, *Online Music. Will Small Music Labels and Entrepreneurs Prosper in The Internet Age. Hearing before the 106th Congress, 2nd session, May 24, 2000*, (U.S. G.P.O.) Washington, DC 2001

Waddell, Ray, *The Great Escape. Global Live Business Sets Records In Tough Economy*, in: Billboard, 121 (2009), 50, S. 51–56

Wald, Elijah, *How the Beatles Destroyed Rock 'n' Roll. An Alternative History of American Popular Music*, (Oxford University Press) New York, Oxford 2009

Wenner, Jann/Levy, Joe, *The Rolling Stone Interviews*, (Back Bay Books) New York 2007

Wicke, Peter (Hrsg.), *Rockmusik und Politik. Analysen, Interviews und Dokumente*, (=Forschungen zur DDR-Geschichte, Bd. 7), (Links) Berlin 1996

Wiener, Jon, *Come Together: John Lennon in His Time*, (Random House) New York 1984

–, *Gimme Some Truth: The John Lennon FBI Files*, (University of California Press) Berkeley 1999

Wikström, Patrik, *The Music Industry*, (Polity) Cambridge 2009

Wray, Richard/Gibson, Owen, *Sing for your supper, EMI boss tells artists*, in: The Guardian, 16. Januar 2008

Young, William H./Young, Nancy K., *The 1950s*, (Greenwood Press) Westport, Conn. 2004

## Personen- und Gruppenregister